世界は善に満ちている

トマス・アクィナス哲学講義

山本芳久

新潮選書

まえがき

一冊の書物を読んで人生が変わる。本当にそんなことがあるだろうか。どんな書物を読んだって、ものの見方はほんの少し変わるだけであって、苦しみや悲しみや不安に満ちた人生には何の変化も生じないのではないか。

どんなに優れた書物であっても、人間をいきなり一八〇度変えたりはしない。変化を生じさせるとしても、ほんの少しの変化に過ぎないだろう。

だが、ある時にある書物に出会い、その「ほんの少しの変化」が生じるか否かが、人生全体で見れば、決定的な違いをもたらすものになることもある。

砂漠を歩いている人の歩む方向がほんの少しずれるだけで、その人はオアシスにたどり着くことができず、息絶えてしまうかもしれない。他方、ほんの少しの方向修正が生命を救うこともある。

ものを見る角度が少し変わるだけで、見える風景はガラリと変わってくる。その意味では、ほんの少しであってもものの見方に決定的な変化を生んでくれる書物との出会いは、人生にとって極めて重要だ。

筆者にとって最も決定的であったのは、中世ヨーロッパの哲学者トマス・アクィナスの『神学大全』との出会いだ。二十歳のときにこの書物に出会わなかったならば、筆者の人生観や世界観は全く異なるものになっていたであろうし、哲学研究者という職業を選んではおらず、書物を書いたりもしていなかったかもしれない。

筆者のものの見方に決定的な変化を与え、生きる糧《かて》と張り合いを与え続けてくれているトマスの哲学について、少しでも多くの方にそのエッセンスをお伝えしたいと思い、筆者はこれまで一般向けの書物を二冊著してきた。『トマス・アクィナス　肯定の哲学』(慶應義塾大学出版会、二〇一四年)と『トマス・アクィナス　理性と神秘』(岩波新書、二〇一七年)である。

幸いにして、どちらの書物も多くの読者に恵まれ、好意的な反応を耳にする機会もしばしばであった。だが、同時に、かなり身近な人からも、「哲学書を読み慣れない自分にとっては難解で読み通すことができなかった」という感想を受け取り、残念な思いをすることもあった。

そのため、今回の書物では、「哲学者」と「学生」との対話という形式を採用し、「学生」の質問に「哲学者」が懇切丁寧に答えるという仕方で執筆を進めてみた。哲学書を読み慣れない読者でも読み進めやすいようにとの工夫である。

この形式を採用してみて驚いたのは、これまでに出した二冊の一般書よりもわかりやすく書くことができただけではなく、「学生」の質問に誘発される形で、「哲学者」の口から、筆者である私自身も思いがけなかったような思考が実に豊かに導き出されてきたことである。その結果、トマスの思想のエッセンスに、これまでにない新たな角度から光を当てることができた。そのエッセンスを一言で表現したのが、「世界は善に満ちている」という本書のタイトルである。

このタイトルを見ると、「そんなわけはないだろう」と反発を覚える人が多いかもしれない。この世界に満ちている「悪」や「悲惨」、人生と不可分とも言える「苦しみ」「悲しみ」「虚《むな》しさ」、そうしたものに目をつぶった脳天気なタイトルだと思う人もいるだろう。

だが、本書は、むしろそのような人にこそ読んでいただきたいと思っている。すべての感情の根底に「愛」があるというトマスの感情論、そして、その背後にある「善」についての捉《とら》え方。本書を通じてそうした発想に触れていただいても、読者の人生がいきなり変わったりすることはないだろう。だが、「ほんの少しの変化」は起こりうるのではないか。そして、その「ほんの少しの変化」が、一人ひとりの読者の人生全体を肯定的な方向に導いていくための一助となればと強く願っている。

世界は善に満ちている——トマス・アクィナス哲学講義　目次

第二章　「愛」はどのように生まれてくるのか 47

第三章　感情の分類（一）――欲望的な感情 79

第五章　「憎しみ」の根底には「愛」がある　135

第十章　世界は「善」に満ちている　269

世界は善に満ちている——トマス・アクィナス哲学講義

凡例

トマス・アクィナス『神学大全』からの引用は拙訳による。既存の邦訳を参照または活用した部分もあるが、その場合にも、文脈や首尾一貫性への配慮から訳語等を部分的に変更させていただいた。訳者の方々に感謝するとともに、最終的な文責は著者にあることをおことわりしておきたい。なお、『神学大全』のラテン語テクストは、最も権威のあるレオ版を使用し、随時、オタワ版を参照した。

「聖書」からの引用は、新共同訳に基づいている。

引用文における著者による挿入・補足的説明は〔 〕内に記した。省略は〔……〕で記した。

なお、ラテン語のカタカナ表記については、短母音・長母音の区別を踏まえつつも、慣例に基づいた表記をしている部分がある。

第一章　「希望」の論理学

一人の学生が、T大学のある研究室の前で立ち止まり、ドアをノックする。中から、「はい」と軽く応答がある。

「哲学の言葉」の魅力

学生　メールで面談をお願いしたNです。本日は、時間をとってくださり、ありがとうございます。

哲学者　お待ちしていました。どうぞ。

学生　私は、四月に大学に入学して以来、何を専攻するか決めるために、様々な分野の先生の研究室を訪ねて、いろいろとお話をうかがっています。文学や歴史の先生方とはすでにお話ししたのですが、哲学の先生とお話しするのは、これが初めてです。先生は、西洋の哲学者のなかでも最も有名な人物の一人であるトマス・アクィナス（一二二五頃〜一二七四）を研究されているとのことですが、私はトマスについては名前しか聞いたことがありません。トマスは、七百年以上前の人物だそうですが、そもそも、そんなに古い時代の人物の思想を研究することに何の意味があるのでしょうか。

哲学者　はるか昔に書かれた哲学の古典を研究するということは、単に過去のことを研究するということではありません。百年単位、千年単位で影響を及ぼし続けるような言葉が書かれているのが、すぐれた哲学書の魅力の一つなのです。

言葉にはいろいろな種類のものがあって、たとえば、新聞やテレビのニュースなどは、流れては消えていく、その場限りの言葉という側面が強い。新しい情報をすぐに伝えてくれるが、すぐに古びてしまう。すぐに役に立つが、すぐに役に立たなくなる。様々なSNSの言葉、たとえばTwitter《ツイッター》の言葉などはまさにそういう傾向のものですね。

それに対して、哲学の言葉というものは、すぐには役に立たないかもしれないが、少しずつ、持続的に大きな影響を及ぼしていく。それは、個人の人生に対してもそうだし、人類の歴史全体に対してもそうなのです。

学生　本当にそんなことがあるのですか。具体例を挙げて説明していただけないでしょうか。

感情には論理がある

哲学者　それでは、トマスが人間の感情について述べていることをいくつか紹介してみましょう。私は、二十代の前半にトマスの感情論に出会いましたが、この出会いによって、人生にとても大きな影響を受けました。単に昔の哲学者が人間の感情についてどのような理解を有していたかということを知ったのみではなく、私自身の感情の持ち方に、大きな変化が生まれてきたのです。いや、単に過去の話ではありません。いま現在の私の感情の動きにも、トマスの理論は大きな影響を与え続けています。そして、私はトマスの感情論から読み取ってきたものを「肯定の哲学」と名づけて、二十年以上研究を続けてきました。

学生　それほどまでに大きな影響を先生に与えているトマスの感情論とは、どのようなものなのでしょうか。

哲学者　トマスは、人類の歴史のなかでも稀《まれ》に見る天才の一人で、膨大な量の著作を残しています。主著は『神学大全』です。『神学大全』は、最近解散した創文社という出版社から日本語訳が刊行されていますが、全四五巻もあります。一九六〇年から二〇一二年まで、じつに半世紀もかけて翻訳されました。これほどに巨大な著作ですが、それでもトマスの全著作の七分の一程度に過ぎないのです。トマスが西洋哲学史上の一大巨人とされる理由の一端です。

日本語訳全四五巻のうちの第一〇巻が感情論の部分の翻訳になっています。この巻は、五百ページ程度の長さになっています。トマスの全著作のなかに位置づけてみれば、わずかな量とも言えますが、それでも相当な長さですね。トマスの感情論は、長さだけではなく、内容的にもかな

神学大全		創文社版
第一部：神論（全119問題）		
第1問題	【聖なる教え（神学はどのような学問であるのか）】	第1巻
第2問題	【一なる本質】神は存在するか	第1巻
第3-26問題	【一なる本質】神は何であるか（何でないか）	第1-2巻
第27-43問題	【三位一体論】	第3巻
第44-49問題	【創造論】創造とは何か・善悪の区別	第4巻
第50-74問題	【創造論】天使論・物体的被造物について	第4-5巻
第75-102問題	【創造論】人間論	第6-7巻
第103-119問題	【創造論】神による被造界の統宰	第8巻
第二部：人間論・倫理学（全303問題）		
第一部（全114問題）		
第1-5問題	【究極目的と至福】	第9巻
第6-21問題	【人間の活動】意志的行為・行為の善悪	第9巻
第22-48問題	【人間の活動】感情	第10巻
第49-89問題	【活動の根源】習慣・徳・悪徳・罪	第11-12巻
第90-108問題	【活動の根源】法（永遠法・自然法・人定法・神法）	第13-14巻
第109-114問題	【活動の根源】恩寵	第14巻
第二部（全189問題）		
第1-16問題	【神学的徳】信仰	第15巻
第17-22問題	【神学的徳】希望	第16巻
第23-46問題	【神学的徳】愛徳	第16-17巻
第47-56問題	【枢要徳】賢慮	第17巻
第57-122問題	【枢要徳】正義	第18-20巻
第123-140問題	【枢要徳】勇気	第21巻
第141-170問題	【枢要徳】節制	第21-22巻
第171-189問題	【特定の人のみ関わる事柄】預言・奇跡・観想と活動	第23-24巻
第三部：キリスト論（全90問題＋補遺99問題）		
第1-26問題	【受肉の神秘】	第25-31巻
第27-59問題	【キリストの生涯】（人生・死・復活・昇天）	第32-40巻
第60-90問題	【秘跡】洗礼・堅信・聖体・悔悛	第41-45巻
補遺:第1-68問題	【秘跡】悔悛・終油・叙階・婚姻	邦訳なし
補遺:第69-99問題	【終末】復活・審判	邦訳なし

り本格的な論考なので、どこから話したらよいか迷うところですが、まずは「希望」という感情についての話から始めましょう。

学生　『神学大全』は、高校の世界史の教科書に出ていたので、名前は知っていましたが、キリスト教神学の百科事典のようなものかと思っていました。神に関するキリスト教の教義についてだけでなく、人間の感情についてそんなに詳しく論じているというのは意外です。

哲学者　感情というものは、とりとめのない心の動きの流れのようなもので、捉《とら》えどころのないものだと考えている人が多いのではないかと思いますが、トマスの感情論の特徴は、「感情には明確な論理がある」と考えるところにあります。一見捉えどころのない、ただの流れにも見える感情に、明確な構造と論理を見出していくところに、トマスの感情論の面白さがあるのです。そのことを説明するためのとっかかりとして、「希望」についてトマスが解説している部分を見てみましょう。

「希望」の対象の第一条件——善であること

哲学者　トマスは、何かが「希望」の対象になるための四条件という話をしているので、まずはそれをご紹介してみましょう。「希望」という感情が抱かれる対象はどのような特徴を持っているかという意味ですね。

トマスによると、何かが希望の対象になるための第一条件は、「善であること」です。ここで

「善」という言葉は、とても広い意味で使われています。「善」という言葉を聞くと、私たちはどうしても「道徳的に善《よ》いこと」をイメージしがちです。「困っている人を助けることは善である」といったように。ですが、トマスによると、「善（bonum《ボヌム》）」という言葉の意味は、「道徳的善(bonum honestum《ホネストゥム》)」に尽きるものではありません。「喜びを与える」という意味で善いものである「快楽的善（bonum delectabile《デレクタービレ》）」や、「役に立つ」という意味で善いものである「有用的善(bonum utile《ウティーレ》)」をも含んだものとして、トマスは「善」という言葉を使用しているのです。君が何かに希望を抱いたとすれば、それは必ずこの三種類の「善」のうちのどれかを対象としているということです。

学生　ちょっと待ってください。「善」という言葉は、本来道徳にかかわるものであって、「有用的善」や「快楽的善」を含めて「善」を定義するということは、とても恣意的ではないでしょうか。

　哲学という分野は言葉の厳密な定義にこだわる印象がありますが、それが客観性に欠けているというか、自説を説明するのに都合がいいように勝手に定義しているように見えるのが気になります。それは言葉に対する厳密さというより、むしろいい加減さなのではないでしょうか。

哲学者　そういう仕方で率直に疑問を表現するのは、哲学という学問を学ぶためにとても大切なことです。そして、「善」の定義の仕方にすぐに納得せずに疑問を抱いたというのも、いい着眼点だと思います。ですが、「善」という言葉に対するトマスの理解の仕方は、それほど恣意的ではなく、むしろ私たちの日常的な言葉遣いに近い面があります。というのも、日常生活において、

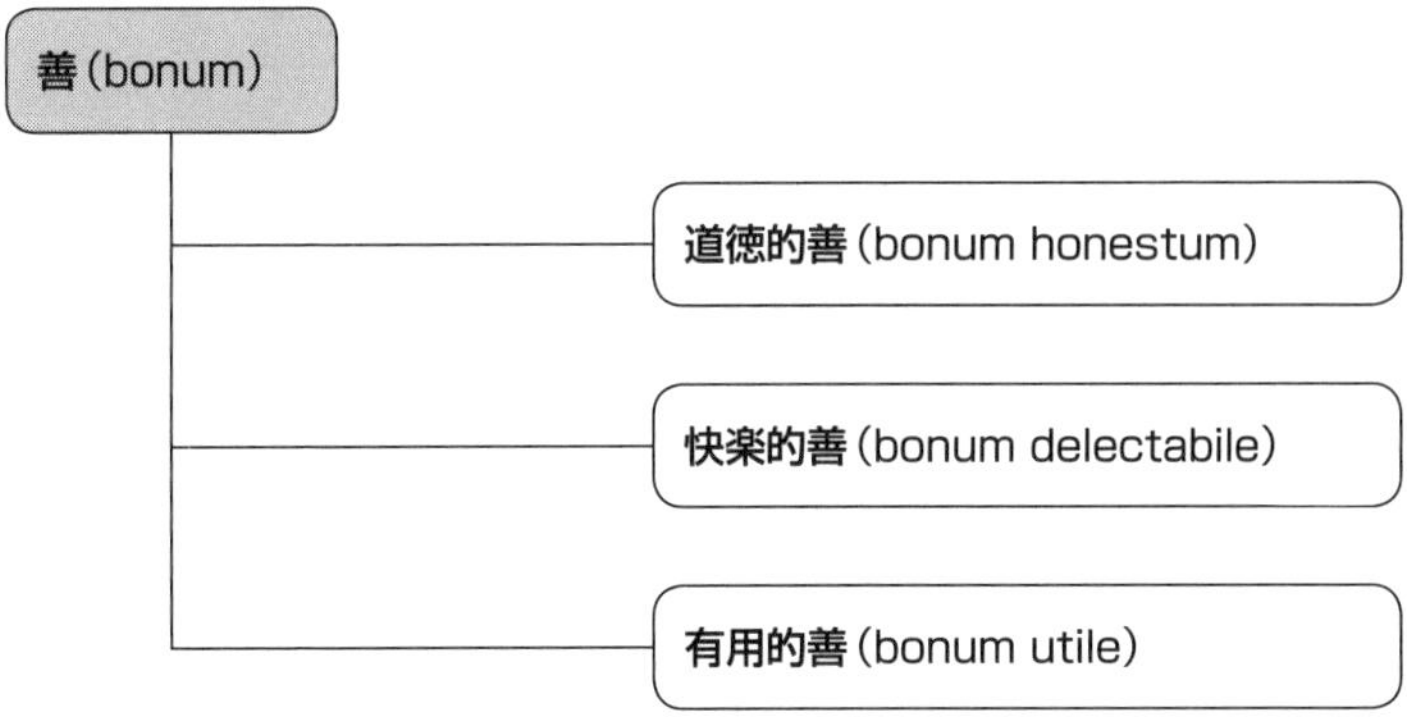

「善」の三種類

「道徳的善」という言葉を使う場面は、実はさほど多くないからです。

たとえば、「あのレストランは、よいレストランだ」と言うときに、「シェフが倫理的に高潔な人物なんだ」とか「ウェイターがとても真面目な人なんだ」というような意味で「よいレストラン」と言っているわけではないですよね。そうではなく、味がよく、店の雰囲気もよく、接客もいい感じで、全体的に「喜び」を与えてくれる、そういう意味で「よいレストラン」という言い方がされている。この場合の「よい」というのは、「快楽的善」の側面が強いわけです。

また、「お金はよいものだ」と言うときには、「有用的善」の側面が強いですね。お金があれば様々なものを手に入れることができる、あらゆるものと交換するという仕方で役立てることができる、そういう意味で「よいもの」と言われるわけですね。人によっては、お金を見るだけで喜びが湧き上がってくるかもしれません。その場合には、「快楽的善」という側面も出てくるわけです。

このように、私たちが「よい」という言葉を使うさいに、実は「道徳的によい」という意味で使っているケースはさほど多くないのです。トマスが「善」という言葉を勝手に広く定義しているというよりも、むしろ私たちが日常生活において使っている「善」という言葉の意味を深く掘り下げて考えているからこそ、そのように定義しているのだと思います。

悪を希望することはできるか

学生　わかりました。話を元に戻すと、私が何かに希望を抱いたとすれば、それは必ずその三種類の「善」のうちのどれかを対象としているということですね。
哲学者　そうです。これはそれほど難しいことを言っているわけではありません。「難関大学に合格する希望を抱いている」とか「退職後に世界一周旅行に行く希望を持っている」というような仕方で私たちは「希望」という言葉を使うのであって、「大学に不合格であることを希望する」なんて言い方はしないですね。「希望」は、善いもの・価値のあるもの・魅力的なものに対してこそ抱かれる感情であるわけです。これが何かが希望の対象になるための第一条件になります。
学生　でも、何を魅力的と感じるかは人によって異なるのではないですか。たとえば、アニメーターになることが夢で、本当は難関大学よりアニメーションの専門学校に行きたいから、親がすすめる難関大学は不合格であることを希望する、という受験生もいるかもしれません。

哲学者　たとえそうだとしても、本人が魅力を感じないものに対しては「希望」が抱かれないという構図自体は変わらないですね。その受験生は「難関大学に不合格である」ことが自らの夢の実現に役立つから（有用的善）、不合格を希望するわけです。本人にとって悪しきもの、つまり価値のないものとか、価値を破壊するものに対して「希望」を抱くということはないわけです。

学生　なるほど、よくわかりました。続きを聞かせてください。

「希望」と「恐れ」の区別

哲学者　この「善であること」という第一条件によって、「希望」という感情は「恐れ」という感情と区別される、とトマスは述べています。たとえば、地震が起こり、津波警報が発令されて、自分や自分の愛する人々の命が脅《おびや》かされるのではないかと恐れるとき、私たちは「悪」を恐れているわけですね。ここで使っている「悪」というのも、「善」と同じように、広い意味です。道徳的に悪いことのみではなく、反価値というか、価値を破壊するもの全般を意味します。

学生　つまり、希望の対象となるのは「善」であり、恐れの対象となるのは「悪」ということですか。

哲学者　そうです。このように、「希望」という感情の特徴を取り出すと、それに応じて、他の感情の特徴も同時に浮き彫りになってくるのが、トマスの「感情の論理学」の鮮やかなところです。「希望」の対象の条件を一つ挙げるごとに、他の感情との区別が明らかになってくるのです。

学生　でも、「善」を恐れるということもあると思いますよ。「こんなによいことばかり起こるなんて、恐いくらいだ」というような言い方をすることがあるじゃないですか。

哲学者　たしかに、そういう言い方をすることはありますね。でも、その場合、本当にその人は「よいこと」を恐れているのでしょうか。そうではないでしょう。やはり、「悪いこと」を恐れているのだと思います。この世の中というのは、そんなによいことばかりが起きるようにはなっていない。よいことと悪いことが織り交ぜられながら進んでいくのが人生というものである。こんなによいことばかりが連続して起こるというのは、どこかに落とし穴があって、いずれとんでもなく悪いことが起こってしまうのではないかと恐くなる。ですから、「こんなによいことばかり起こるなんて、恐いくらいだ」と言うときでさえ、実際に恐れているのは「悪」なのです。

学生　なるほど、そういうことですか。第一条件がどういうものかということは大体わかりましたので、第二条件の話に進んでください。

「希望」の対象の第二条件――未来のものであること

哲学者　何かが「希望」の対象になるための第二条件は、「未来のものであること」です。これは、当たり前のことですが、まだ手に入っていないもの、これから手に入れようと思っているものだからこそ、「希望」の対象になるという意味です。すでに手に入っているものを「希望」するなどということはないですよね。君は、高校時代には、「T大に合格したい」という希望を抱いていたかもしれません。でも、見事、合格したいま、そんなことを希望することはないでしょう。まだ獲得できていない未来のもののみが「希望」の対象になるわけです。

学生　つまり、すでに獲得されているものは希望の対象にはならないということですね。しかし、それは簡単に反論できそうです。私は、以前から「付き合いたい」と希望していた人と、いま現在付き合っています。だからといって、希望がなくなったということはありません。この人とこれからもずっと付き合っていきたいという希望を抱いています。

哲学者　わかりやすい例ですね。ですが、その例も、「未来のものであること」という希望の対象の第二条件を揺るがすものではありません。君は、たしかに、現時点において恋人がいて付き合っているかもしれません。ですが、それはいつ終わってしまうかわからないものですね。未来において、その恋人と付き合っている保証はないでしょう。だから、「将来にわたる付き合いの継続」を君は希望しているわけです。ですから、この事例の場合においても、君の希望の対象は未来のものなのです。

「希望」と「喜び」の区別

学生　なるほど、よくわかりました。ところで、第一条件についての説明のなかで、一つ条件を挙げるごとに、他の感情との区別が明らかになるという話がありましたが、「未来のものであること」という第二条件を挙げると、どんな感情と区別されることになりますか。

哲学者　第二条件によって、「希望」は「喜び」と区別されるとトマスは述べています。私たちが喜ぶのは、すでに「善」を手に入れたからですね。すなわち、「現在の善」が「喜び」という感情の対象になるわけです。「現在の善」を対象とする「喜び」は、「未来の善」を対象とする「希望」と区別されます。まだ「善」が手に入っていないのに、「喜び」を感じているかのようにニヤニヤしている人がいれば、おかしな人だと思って、我々は警戒するわけですね。

学生　いや、まだ「善」が手に入っていないのにニヤニヤしているような人って結構いると思いますよ。たとえば、私が予備校に通っていたときに、模試の結果がよくてA判定をもらったりしてニヤニヤしているやつなんて、いくらでもいました。まだ受かっていないのに「喜び」を感じているのですから、「現在の善」のみではなく「未来の善」に対しても「喜び」を感じる人がいることは否定できない事実だと思います。

哲学者　たしかに模試の結果がよくてニヤニヤしている人が君の身近にいたというのは事実かもしれません。でも、だからといって、その人たちは、まだ手に入れていない「大学合格」という「未来の善」について喜んでいるのではないでしょう。そうではなく、「模試の結果がよかった」という、すでに達成し獲得している「現在の善」を喜んでいるわけです。「模試の結果がよかった」という「現在の善」は、「大学に合格する」という「未来の善」を予感させるものであるかもしれませんが、あくまでも「現在の善」です。ですので、その人の「喜び」の対象は、やはり、「現在の善」なのです。

「希望」の対象の第三条件——獲得困難なものであること

学生　なるほど。同じく「善」を対象とする「希望」と「喜び」という二つの感情が、未来に関わるか現在に関わるかという時間軸を導入することによって区別されてくるという点はわかりました。

でも、正直申し上げて、「だから何?」と思ってしまいます。先生は、トマスの感情論によって自身の感情の持ち方に大きな変化が生じたとおっしゃいましたが、今のところ私にはそんなことが起こりそうもありません。

哲学者　そう結論を急がないでください。とりあえず、残りの二つの条件についても見ていきましょう。

何かが「希望」の対象になるための第三条件は、「獲得困難なこと」です。簡単に手に入るものに対して、「希望する」という言葉を使うのは、なにか大げさな感じがしますよね。

たとえば、「先生との面談が終わったら、夕食をとることを希望しています」と君が言ったとしたならば、私は、なんでこの学生さんはこんなに大げさなものの言い方をするのだろう、と思うでしょう。食べたければ好きなように食べればいいのに、と思うわけです。

他方、「先生との面談が終わったら、夕食をとろうと思っています」とでも言われれば、特に違和感は抱かず、自然な発言として受けとめますね。

でも、実は昨日、大震災が起きたばかりで、世の中のインフラが大混乱していて、昨晩から食事をとることが全くできていないというような状況があるのだとすれば、「夕食をとることを希望しています」という発言が飛び出してきても、特に違和感は抱かない。なぜかと言えば、「夕食をとること」に困難が予想されるから、すなわち、「夕食」が「獲得困難なこと」だからです。困難に直面したときに、出てきたり出てこなかったりすることが初めて問題になるのが「希望」という心の動きなのですね。

「希望」と「欲望」の区別

学生　では、「獲得困難なこと」という第三条件によって、「希望」はどんな感情と区別されることになりますか。

哲学者　「欲望」と区別されます。ただし、ここで気をつけなければならないのは、だからといって「欲望」の対象が「容易に獲得できるもの」となるわけではないということです。「欲望」という心の動きは、その対象が獲得困難であろうがなかろうが、そんなこととは無関係に発動するものなのです。

学生　ちょっとややこしいですね。具体例を挙げて説明してください。

哲学者　特別な例を考える必要はありません。これまで使ってきた大学入試の例で考えてみましょうか。君に年上の従兄弟がいるとしましょう。そして、君が小学生のときにその従兄弟がT大学に入学し、大学生活にとても満足しているというような話を、君と会うたびにするとします。

そうすると、君の心には、同じ大学に行きたいという「欲望」が生まれてきます。

まだ大学入試の現実に直面していない小学生の君は、自分にとって合格が「獲得困難なこと」なのか「容易に獲得できるもの」なのかということを特にはっきりと意識しないままに、とにかく、「同じ大学に行きたい」という「欲望」を持つようになります。

学生　それを「希望」と呼んではいけないのですか。

哲学者　トマスの定義に従えば、その「欲望」が「希望」と呼べるようになるには、たとえば、君が高校生になり、模試を受けたりして、合格することの困難さに気づくことが必要です。「獲得困難なこと」に直面すると、そこで出てくる可能性があるのが「希望」という感情なのです。または、後ほどお話しする「絶望」という感情が生まれてくることになるかもしれません。

「主観性」を論理で捉える

学生　わかりました。ところで、一点、質問なのですが、トマス・アクィナスという人は、キリスト教の神学者ですよね。キリスト教はとても禁欲的な宗教だというイメージがありますが、トマスにとってやはり「欲望」は否定されるべき悪しきものなのですか。

哲学者　いえ、そんなことはありません。「欲望」を抱くというのは、人間にとって自然な心の動きの一つです。そういう自然な心の動きを大上段から否定するようなことは、トマスはしないのです。そうではなく、人間の自然な心の動きを認め、的確に捉えたうえで、それを更によい方向へと導いていこうとするのがトマスの根本精神なのです。

学生　それはありがたいですね。禁欲的に生きろ、真面目に努力しろ、では肩がこりそうですから。

もう一つ質問なのですが、大学に入って驚いたのは、私なんかとは比べ物にならないぐらい頭のいい人たちがたくさんいるということです。そういう人たちは、おそらく高校時代の成績はずっとトップクラスで、受験も特に困難だと思ったことはないはずです。そうなると、彼らは何の「希望」も抱かずに勉強してきたということになってしまうのでは？

哲学者　それならそれでかまわないのです。そのような人は、特に「希望」という感情が生まれるような困難に直面せずに済んだというだけの話です。

トマスの感情論を理解するさいに大切なのは、「困難」だとか「魅力的」だとかいうことを感受する本人の受けとめ方が重要だという点です。「大学に合格すること」は、客観的に、誰にとっても困難なことだと決まっているわけではありません。ある人にとっては困難なものとして受けとめられるが、他の人にとっては困難なものとは受けとめられない、そういうたぐいのものです。「欲望」の対象が困難なものだと受けとめられると、「希望」という感情の出番が来るわけです。

学生　初めから気になっていたのですが、「感情の論理学」というわりには、ずいぶんと主観的な話ですよね。それなら、結局、「受けとめ方は人それぞれ」という話になって、普遍的に役立つ教訓などは何も引き出せないのではないでしょうか。

哲学者　いえ、むしろ「主観的」な受けとめ方も含めて、感情全体を論理的に捉え直そうとするところにこそ、トマスの「感情の論理学」の凄《すご》みがあるのです。もし各々の主観を排して、客観的に捉えられるものだけで感情論を構築しようとすれば、それこそ何の役にも立たないものになってしまうでしょう。

「感情」という言葉の使い方

学生　いまさら基本的なことを伺《うかが》いますが、ここまでの話に出てきた「欲望」とか「希望」というものは、そもそも「感情」なのですか。「恐れ」や「喜び」が「感情」だというのはわかりやすいですが、「欲望」とか「希望」が「感情」だというのは、あまりしっくりこない感じがするのですが。

哲学者　「感情」という日本語に訳している言葉は、トマスのテクストではラテン語で passio《パッシオ》 となっています。この言葉は、哲学では「情念」と訳されることが多いですね。創文社から出ている『神学大全』の翻訳でもそうなっています。私は、なるべく日常生活と結びつけてトマスのテクストを理解したいと思っているので、普段の生活のなかであまり使わない「情念」という言葉ではなく、より馴染み深い「感情」という言葉を使いたいと思っているのですが、いま指摘してくれたように、「感情」という語に対する一般的な語感とたしかに異なる面もあるので、難しいですね。

このpassioというラテン語は、英語のpassive《パッシブ》（受動的）という言葉の語源になっていることからもわかるように、外界の影響を受動して生まれてくる心の動き全般のことを指していて、それをここでは「感情」と呼んでいるということを、とりあえず理解しておいてください。

学生　了解しました。それでは最後の第四条件について教えてください。

「希望」の対象の第四条件――獲得可能なものであること

哲学者　何かが「希望」の対象になるための第四条件は、「獲得可能なものであること」です。あまりにも困難すぎて獲得することが完全に不可能だと思われてしまえば、当然ながら、「希望」という感情は生まれてこないわけですね。

学生　うーん、そうでしょうか。アラブの石油王のような大金持ちになりたいとか、俳優並みの美男美女になってモテモテになりたいとか、非現実的な希望を抱いている人はこの世にいっぱいいます。

哲学者　傍《はた》からはいくら非現実的に見えても、本人の主観においては「獲得可能」だからこそ、「希望」を抱いているのです。「大金持ちになる方法」とか「モテ顔になる方法」のような本がたくさん売れるのも、たとえ心の隅っこであっても人々がそれを「獲得可能」だと思っているからでしょう。さきほど説明したとおり、主観的な側面も重視するのが「感情の論理学」なのです。

第一条件から第四条件まですべてを合わせると、「獲得困難だけれども獲得可能な未来の善」

に関わるのが「希望」という感情だということになります。

「希望」と「絶望」の区別

学生　この「獲得可能なこと」という第四条件によって、「希望」はどんな感情と区別されることになりますか。

哲学者　さきほど触れた「絶望」と区別されることになります。獲得可能とみなされるかどうかという基準によって「希望」と「絶望」が分かたれてくるというのは、とてもわかりやすい話で、当たり前だと思われるかもしれません。ですが、実はここに、私の提唱している「肯定の哲学」の観点から、とても興味深い論点が含まれているのです。

学生　どこが興味深いのですか。

哲学者　希望の対象の四条件の話の特徴の一つは、条件を挙げるごとに、「希望」という感情が、その条件を共有しない他の感情と区別されてくるということでしたね。第一条件である「善であること」を挙げることによって、「希望」は「恐れ」と区別されました。そして、第二条件である「未来のものであること」を挙げることによって、「希望」は「喜び」と区別されました。逆に言えば、「善であること」という第一条件は、「希望」も「喜び」も共有しているので、この条件のみでは、「希望」の対象と「喜び」の対象を区別することはできないのです。

また、第三条件である「獲得困難なこと」を挙げることによってはじめて「希望」は「欲望」

と区別されました。これも逆に言えば、第一条件と第二条件を合わせた「未来の善であること」だけでは、「希望」の対象と「欲望」の対象とは区別できないということです。

この流れを踏まえながら、第四条件の話に進んでみると、実に興味深いことがわかります。

学生　と言いますと？

哲学者　第一条件から第三条件を合わせた「獲得困難な未来の善」という条件だけでは「希望」と「絶望」を区別することができないということです。もっと端的にわかりやすく言えば、「希望」も「絶望」も、「善」を対象にしているという点では変わりがないということです。

学生　「絶望」の対象は「悪」ではないのですか。

哲学者　そうではないのです。君が高校三年生のときにT大模試を受けて、E判定をもらってしまい、T大合格に絶望するとしましょう。そのとき、君は、「T大は実は悪だったのだ！」と気づいて絶望するのではないですよね。そうではなく、T大は魅力的な大学で、そこに行くことには大きな価値があるのに、自分はそこに届かない、つまり「善」を獲得することができない、と絶望するわけです。

恋愛などにおいても事情は同様でしょう。高嶺の花であるAさんになんとか自分の想いを届けようと、かすかな「希望」を抱いて頑張ってきたのに、やはり想いが届かないとわかったときに「絶望」するのは、Aさんが「悪」だからではないですよね。人柄もよく、容姿も端麗で、あらゆる意味で魅力的、すなわち「善」であるにもかかわらず、君はAさんを手に入れることができない、Aさんと親しくなることができないと「絶望」するわけです。

「絶望」と「恐れ」の区別

学生　かりに先生のおっしゃることが正しいとしても、それが何の役に立つのでしょうか。「絶望」の対象が「善」であるとしたところで、絶望している人にとっては、何の救いにもなりません。ただの空理空論というか、気休めというか……いや、気休めにすらならない話だと思います。

哲学者　「希望」と「絶望」の差が、「獲得困難だけれども獲得可能な未来の善」か「獲得困難で獲得不可能な未来の善」か、という紙一重の差に過ぎないという事実は、気休め以上の意味を持つのではないでしょうか。「絶望」にとらわれたときに、「大学合格」や「高嶺の花のAさん」が未来において本当に「獲得不可能」なのか精査してみれば、それが「希望」に変わる可能性もあります。あるいは、望みうる「未来の善」とは、本当に「T大合格」や「高嶺の花のAさん」だけなのか、それともその背後にある「優れた学習環境」や「充実した恋愛関係」なのかなどを吟味しているうちに、「絶望」が「希望」に変わりうるということに気づくこともありえます。

学生　なるほど、たしかに気休めにはなるかも知れませんが……。

哲学者　また、「絶望」の対象が「悪」ではなく「善」であるということの意味は、第一条件で「希望」と区別された「恐れ」と比較すると、更にわかりやすくなります。「恐れ」の対象は「悪」でしたね。トマスの理論に基づいてより詳しく言うと、「恐れ」の対象は、「差し迫った未来の困難な悪」です。自分もいつかは死ぬということがわかっていても、ふつうは、毎日死に対する恐れによって身動きがとれなくなってしまうということはないですよね。単なる「未来の悪」ではなく、「差し迫った未来の悪」こそが、「恐れ」という感情を呼び起こすのです。

私たちは、よく「震災による大混乱のなかで、恐れと絶望の一夜を過ごした」というように、「恐れ」と「絶望」を一緒くたにして語ります。「恐れ」も「絶望」も、私たちがあまり抱きたくない否定的《ネガティブ》な感情として、同列に語られることが多いわけです。

ですが、トマスの感情論を手がかりにすることによって、「恐れ」と「絶望」は対象を異にした根本的に異なる感情だということがわかってきます。

「恐れ」について言えば、たとえば、また大きな余震が来るのではないかというような仕方で、「差し迫った未来の困難な悪」を自分は恐れているのだということに気づきます。他方、「絶望」について言えば、たとえば、不況という困難のなかでなんとか立て直そうとしていた事業の再建が、震災によって不可能になってしまった、つまり、「事業の再建」という「未来の善」がもはや達成不可能だと思い、それに自分が絶望していることに気づきます。

このように「感情の論理学」を踏まえたうえで自らの感情を振り返ってみると、何がそうした感情を呼び起こしているのかということにあらためて気づくことができるようになります。絡まりあって混乱しがちな自らの感情をうまく腑分《ふわ》けして整理するための手がかりを与えてくれるのです。

「感情」と「理性」は対立しない

学生　でも、「恐れ」と「絶望」の違いがわかったところで、「震災による大混乱」という状況は全く変わらないのではないですか。

哲学者　もちろん、すぐに状況が劇的に変わることはないでしょう。しかし、混乱のあまり、「差し迫った悪」から目をそらしたり、困難な状況からすぐに逃げ出そうとしたりすることなく、その状況を適切に認識し、深く受けとめることが可能になるのです。

感情とは、単に、私たちの内面に気まぐれに生まれてくるようなものではありません。外界の様々な事物や人物や状況が私たちの心にはたらきかけることによって、一定の論理に従って生まれてくるものです。逆に言えば、感情を手がかりにすることによって、私たちは、自分がどのような状況に囲まれているのかをありのままに認識し、一つ一つの状況に対して適切に対応することができるようになります。

ですが、感情がせっかく伝えてくれているメッセージを正確に解読することができないと、私たちは、不正確な状況認識を持つことになってしまいます。そして、状況認識が不正確だと、それぞれの状況に対して適切に対応することもできなくなる。そうなると、困難な状況を打開することも、滅多にない好機を生かすことも、難しくなってしまうでしょう。

「震災による大混乱のなかで、恐れと絶望の日々を過ごしている」という漠然とした仕方で事態を捉えている人も、「恐れ」は「差し迫った未来の困難な悪」を対象とし、「絶望」は「未来の困難な善」を対象としているというように区別して捉え直すことによって、かき乱されている心が少し整理されてくるのではないでしょうか。少なくとも私自身は、学生時代にトマスの感情論に触れて、揺れ動く自分の感情とうまく付き合うための手がかりを実に多く与えられました。

私たちは、しばしば、「感情」と「理性」を対立させて考えがちだと思います。でも、トマスの場合には、一つ一つの「感情」を丁寧に理性的に分析するという仕方で、「感情」を大切にすることと「理性」を大切にすることが、ひとつながりの話になっています。ここがトマスの哲学の興味深いところなのです。

「気づくこと」の重要性

学生　なるほど。感情に論理があるという話がどういうものなのか、大体の雰囲気はわかった気がします。ですが、まだ断片的な話を聞いただけという感じがするので、もう少し感情の全体像がわかるようにお話しいただけないでしょうか。

哲学者　トマスの感情論に興味を持ってくれて大変嬉しいのですが、残念ながら、私はこれから会議があるので、もうそろそろ研究室を出なければなりません。

最後にもう一つだけ言わせてください。今日の話で理解していただきたいのは、「気づくこと」の重要性です。もしも、今日の話を聞いて、「ああ、そうなのか、何かが希望という感情の対象になるためには四つの条件が必要だとトマスは考えたのか、学期末の試験に出たときのために、その四条件を暗記しておこう」というような姿勢で理解するならば、それはとてももったいないことだと思うのです。その四条件をただ覚えこんでも、無味乾燥でさほど意味はないと思います。

そうではなく、「希望」という心の動きと「絶望」という心の動きはこんなに近いのか、「絶望」という感情と「恐れ」という感情は、これほどまでに異なる感情だったのか、というようなことに「気づくこと」がとても大切だと思います。そういう「気づき」を得ること自体がささやかな喜びを与えてくれる出来事でもありますし、「気づき」を積み重ねていくなかで、自分で新たな「気づき」を得られるような「洞察力」が次第に身についてくるはずです。それが哲学という学問を学ぶことの大きな魅力の一つだと思います。

ともあれ、今日のところは、「感情の論理学」の一例としての「希望の論理学」について、あらましを理解していただけたかと思います。この続きについてもぜひお話ししたいので、また来週同じ時間にここに来てください。

学生　わかりました。またよろしくお願いします。

第二章　「愛」はどのように生まれてくるのか

「愛」のなじみ深さ

学生　本日もよろしくお願いします。前回ご説明いただいた「希望の論理学」のお話は、とても面白かったです。感情というものが単なる不合理な心の気まぐれのようなものではないということがよくわかりました。これまでは哲学を専攻することはあまり考えていなかったのですが、哲学の面白さを少し実感することができたので、ちょっとその可能性も視野に入れてみたくなっています。

前回は、希望という感情にそれなりの論理があり、何かが希望の対象になるためには四つの条件を満たす必要がある、そしてその一つ一つの条件を挙げていくごとに、他の感情と希望という感情が鮮やかに区別されていく、というお話でしたね。

私はこの話にかなり納得したのですが、でも、これだけ鮮やかな説明が可能なのは、たまたま「希望」という感情が説明しやすい感情だからではないでしょうか。どんな感情についても同様の説明が可能だということを示していただかないと、トマスの感情論について、まだ完全に納得することはできないというのが正直なところです。その点、いかがでしょうか。

哲学者　それでは、誰にとってもなじみ深い「愛」という感情の話から始めていきましょう。「愛」という感情は、なじみ深いだけでなく、すべての感情の根底にあるものです。ですから、まず「愛」について理解しておくことがとても大事なのです。

学生　いきなり「愛」とか言われると、ちょっと引いてしまいますね。特に私たちの世代は、恋愛などにはたいして興味がないというような人もけっこう多いと思いますが。

哲学者　トマスにおいて、「愛」という感情は、「恋愛」のような特別な感情に限定されたものではありません。何かを「いいな」と思う、「好感」を抱く、そういったものをひっくるめて広く「愛」という言葉で示しているのです。

これは、トマスが勝手にそういう言葉遣いをしているのではなく、トマスよりも千年近く前に活動した哲学者のアウグスティヌス（三五四～四三〇）以来、中世ヨーロッパのキリスト教世界で広く受け継がれてきたものです。ですので、「恋人への愛」だけではなく、「食べ物への愛」「お気に入りの筆箱への愛」「スマホへの愛」「夏目漱石への愛」といったように、かなり広い意味で使われます。

学生　なるほど、「善」が「よいレストラン」などの広い意味で使われていたのと同じように、

「愛」という言葉も広い意味で使われているのですね。

「テクスト」に触れることの重要性

哲学者　さて今日は、私が毎年授業で使っている『神学大全』の日本語訳のコピーがありますので、それも使いながら「愛」の話をしていきたいと思います。

学生　それは助かります。あっ、最初のページにさっそく「愛」についてのテクストがありますね。えーっと……

欲求されうるもの(appetibile《アペティービレ》)が、欲求能力(appetitus《アペティートゥス》)に、まず自らへの適合性――欲求されうるものが気に入ること(complacentia《コンプラケンティア》)――を与えるのであり、そこから欲求されうるものへの運動が続くのである。

……これは、何というか、日本語でありながら日本語になっていない酷《ひど》い訳ですね。これを訳した人は、本当は意味がわかっていないんじゃないですか？

哲学者　これは私が訳したものです。

学生　えっ、それは大変失礼しました！　前回の先生のお話は大変わかりやすかったもので、まさかこれが先生の訳だとは思いませんでした。

やはり私には、いきなり『神学大全』を読むのは厳しそうですね。まずは入門書をテキストに使っていただいた方がよいかもしれません。

哲学者　哲学を学ぶためには、本格的な哲学書と格闘してみることが何よりも大切です。君も、もしも哲学科に進学する可能性があるのでしたら、単に哲学の入門書を読んだりするだけではなく、実際に本格的な哲学書を手にとって格闘してみることをお薦めします。

学生　実は私も、大学受験が終わってすぐに、岩波文庫から出ているカントの『純粋理性批判』の翻訳を買って読もうとしたことがあるのですが、五頁も進むことができずに挫折してしまいました。

哲学者　『純粋理性批判』は、最初に読む哲学書としては少し難解すぎたかもしれませんね。もとより、入門書を読んだり、大学の「哲学概論」「哲学入門」といった講義に出たりしても、やはり一流の哲学者が書いた本格的な哲学書を読み通すのは大変なことです。入門書や講義から刺激を受けて、いざ本格的な哲学書を手にとってみても、予想以上に難解で、挫折してしまったという経験談を私は何度も学生から聞かされてきました。

そこで私が編み出した授業方法は、哲学書の肝所《かんどころ》となる箇所のコピーをあらかじめ配布して、授業を受ける前に読んできてもらい、その難解さを実感してもらったうえで、私の解説を聞いてもらう。そのうえで、もう一度同じテクストを読んでみることによって、最初独力で読んだときにはほとんど解読することのできなかったテクストが、全部ではないにしても、かなり解読できるようになっている、そんな体験をしてもらうことにしています。そのような体験を積み重ねていくことによって、難解なテクストでも、自分で少しずつ解読していくことができるという手応えのようなものを身につけてもらうのです。せっかく哲学を専攻する可能性も考えるようになったのなら、ぜひ、トマスのテクストに直接触れていただきたいと思います。

トマスの叙述はとても丁寧かつ論理的なので、少し読み慣れてくると、入門書や概説書よりも、むしろわかりやすくなるはずです。

学生　とてもそうは思えませんが、騙《だま》されたと思って、しばらく頑張ってみます。

『神学大全』の構造

哲学者　たくさんのプリントをお渡ししましたが、とりあえず見ていただきたいのは、さきほど君が読んでくれた箇所、愛という感情がどのような仕方で生まれてくるのかということについてトマスが論じているテクストです。具体的に言うと、『神学大全』第二部の第一部第二六問題第二項「愛は感情（passio《パッシオ》）であるか」という箇所です。

ちなみに、『神学大全』は、全三部から構成されている本で、第一部が神論、第二部が人間論（倫理学）、第三部がキリスト論です。感情論がまとまって展開されているのは、第二部の人間論になります。第二部は更に二つの部に分かれていて、第二部の第一部は倫理学の総論（概論）で、第二部の第二部は倫理学の各論です。

そして、各部は百個くらいの「問題（quaestio《クワエスチオ》）」に分かれます。更に、それぞれの「問題」は、いくつかの「項（articulus《アルティクルス》）」に分かれます。この「項」というのが『神学大全』の最小単位になるわけです。「項」の長さは箇所によって違いがありますが、だいたい日本語訳で四ページ程度です。それが全部で二六六九個集まって、『神学大全』という一冊の書物になるのです。

学生　そんな巨大な書物の、第二部の途中の箇所について説明していただいても、その前の部分を読んでいなければ充分に理解することができないのではないでしょうか。

哲学者　そう不安に感じるのも当然だと思います。でも、実はそんなことはないのです。それぞれの部（pars《パルス》）、それぞれの問題、それぞれの項は、近接した項や問題や部とのつながりを持ちつつも、相対的な独立性を保っているので、興味のあるところから読み始めることができるようになっています。それに、たとえ冒頭から読み始めたとしても、かなり後になってから出てくる項を読まないと充分には理解できないところもあるので、どこから読んでも結局は同じような困難に直面することになるのです。

学生　そういうものですか。それでは「愛」についてのテクストの解説をぜひお願いします。

「項」の構造

哲学者　すみませんが、その前に、もう一つだけ基本的な話をさせてください。『神学大全』の最小単位である「項」は、どれも同じ構造で書かれているので、その構造を理解しておくと読みやすくなるのです。さきほどお渡しした資料のなかにある「「項」の構造」という図を見ながら

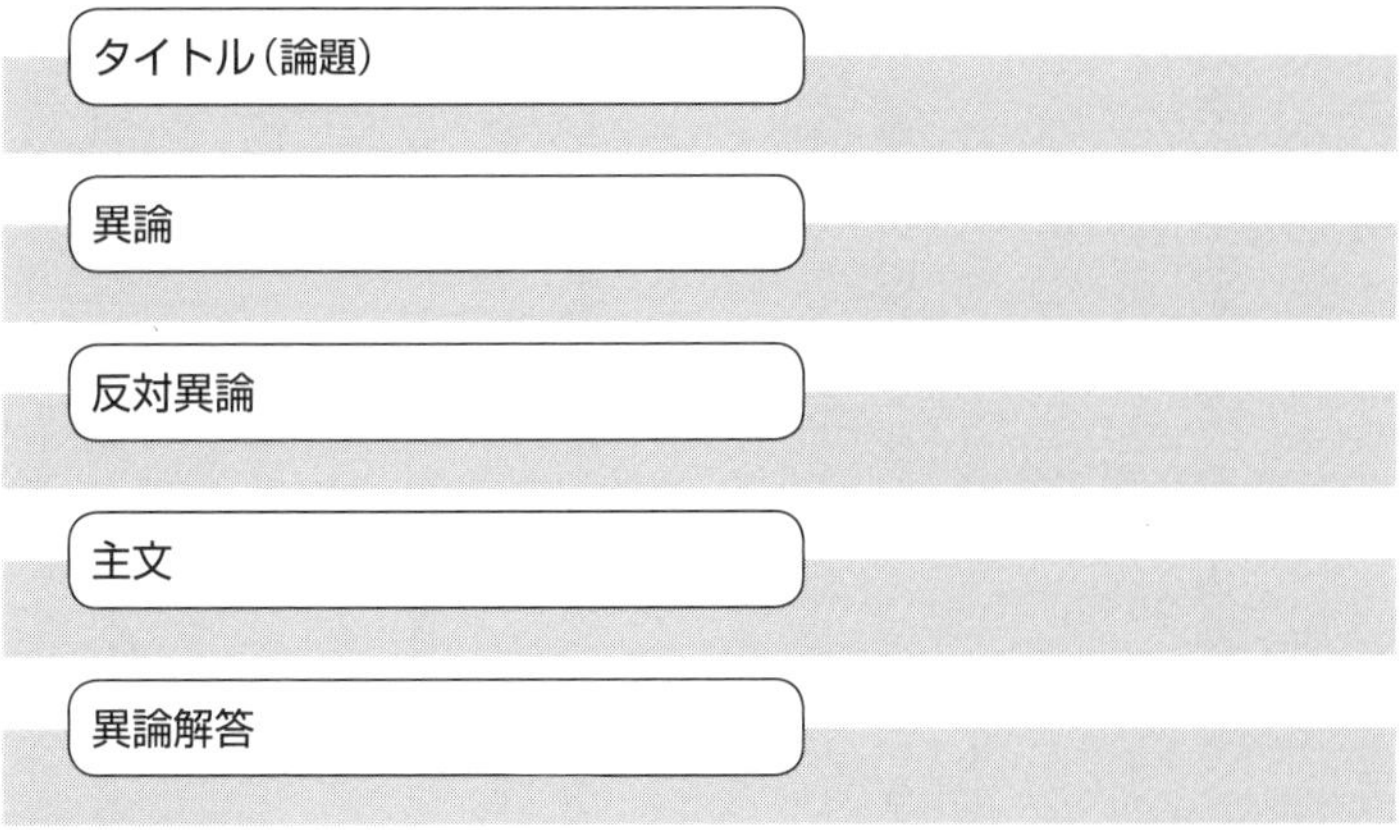

「項」の構造

話を聞いてください。

まず最初に項の「タイトル」が来ます。これから読む項で言えば、「愛は感情（passio）であるか」というものですね。

次に「異論」が来ます。「異論」というのは、トマス自身の見解とは異なる論のことです。たいてい三つの「異論」が紹介されます。それぞれの「異論」のなかでは多くの場合、伝統的に受け継がれてきた重要な見解が引用されます。頻繁に引用されるのは、聖書やアリストテレス（前三八四〜三二二）やアウグスティヌスの言葉です。もっとも、トマスはギリシア語を読むことはできなかったので、アリストテレスについてはラテン語訳に基づいて引用しています。ともあれ、こうした仕方で引用される言葉を「権威・典拠（auctoritas《アウクトリタス》）」と言います。

その次に来るのが「反対異論」です。「反対異論」では、「異論」と対立する見解が紹介されます。論理的に考えれば、「異論」と対立する「反対異論」

が必ずしもトマスの見解に近くなるとは限らないわけですが、『神学大全』では、基本的にトマスの見解と近い誰かの見解が紹介されます。「反対異論」においても、多くの場合、「権威・典拠」が引用されます。

「異論」と「反対異論」を受けて、次に来るのが「主文」です。「項」の中心とも言えるこの部分において、トマス自身の見解がまとめて述べられます。

最後に来るのが「異論解答」です。「主文」において述べられたことを踏まえると、最初に挙げられたそれぞれの「異論」に対してこのように答えることができますよ、ということが示されます。「異論解答」を読むさいに気をつけなければならないのは、それぞれの「異論」が全否定されることはほとんどないということです。そうではなく、「異論」の述べていることのなかで、もっともな部分は肯定され、間違っている部分は修正され、一面的な部分は補われ、全体的によりバランスの取れた見解が提示されるという仕組みになっています。そのさい、引用された「権威・典拠」自体が否定されるということはほとんどなく、「異論」とは異なる解釈が「権威・典拠」に対して与えられることによって、「権威・典拠」の述べていることの真理性がすくい取られることになります。

「スコラ的方法」とは何か

学生　一つ一つの項はすべて、討論形式で書かれているんですね。

哲学者　そのとおりです。中世の大学では、活発に討論会が開かれていました。その討論形式を踏襲して一つ一つの「項」は書かれています。ここで注意すべきは、この場合の「討論」というのは、自分とは異なる論をやっつけることを目的としてなされるようなものではなく、物事を多面的に捉え、一見異なる論をも包摂するようなバランスの取れたものの見方を獲得するために為されるという点です。

　このような形式は、トマスが独力で編み出したものではなく、彼の時代の哲学に共通する方法でした。トマスは十三世紀に活動した人物ですが、十二世紀ぐらいから、ヨーロッパでは、修道院に付属する学校や、現代まで存続しているパリ大学やオックスフォード大学のような有力な大学が生まれてきました。そうした「学校《スコラ》」で形成された哲学という意味で、西洋中世の哲学を「スコラ哲学」と言いますが、スコラ哲学に共通する探究・教育の方法論を「スコラ的方法」と言います。いま説明したような討論形式というものは、「スコラ的方法」の中核をなすものなのです。

学生　「スコラ哲学」という名前は聞いたことがありましたが、哲学の内容だけでなく、その方法もまた重要な意味を持っているんですね。

哲学者　また、「部」「問題」「項」というような仕方で問題をどんどん細分化していく手法も「スコラ的方法」の特徴の一つです。「神とは何か」とか「人間とは何か」といった大きな問題をいっぺんに解決しようとしても、どこから手を付けていいかわからなくなってしまいますよね。でも、問題をうまく細分化すれば、一つ一つの問題が小さくなるので、取り組みやすくなる。そして、取り組みやすくなった問題の一つ一つを解決していくことによって、最初はどこから手を付ければいいかわからなかったような大きな問題についても見通しが少しずつ得られるわけです。「スコラ的方法」をものすごく複雑で込み入った仕方で活用している中世の哲学者も多いのですが、トマスの場合、非常にバランスの取れた簡潔で柔軟な仕方で活用しているところに大きな特徴があります。

私は、トマスの哲学を「肯定の哲学」という観点から捉えているのですが、それは、トマスが述べている思想内容のみに基づいているのではなく、議論の形式もまた重要な要素になっています。自分と対立する異論や、自分よりも前に形成された有力な見解を安易に否定したり無視したりするのではなく、それらのいい点から学び、不十分な点を補いながら全体的にバランスの取れた見解を柔軟に形成する精神のあり方、それこそ「肯定の哲学」の中核に位置づけられるものであり、私たちがトマスから学ぶことができる大きな利点の一つではないかと思っています。

「権威」か「典拠」か

学生　詳しく説明してくださり、よくわかりました。一点はっきりしないところがあったのですが、auctoritas《アウクトリタス》というラテン語は、「権威」と訳すのですか、「典拠」と訳すのですか、どちらでもいいのですか。私の感覚からすると、かなり違う感じがしますが。

哲学者　この単語は英語の authority《オーソリティー》の語源にあたる言葉なので、トマスの専門家でも、「権威」

と訳すことが多いですね。私もそう訳すこともあります。でも、「権威」という日本語は、「斯学《しがく》の権威」といった言い方もあるように、誰かの語った「言葉」というよりは、有力な「誰か」のことを指すことが多いですね。また、「権威主義」という言葉にも表れているように、偉い人や力のある人に盲目的に従う態度を連想させるところがあり、必ずしもいいイメージではありません。

このような意味で理解されてしまうと、スコラ哲学における auctoritas とは相当違う性格のものになってしまいます。「かの権威あるアリストテレス大先生がこう言っているのだから、とにかくそうなのだ」とか、「アウグスティヌス大先生の著作に書いてあるのだから、つべこべ言わずに聞き従え」とか、そういうことではないのです。そうではなくて、何らかの問題について考察するさいに大きな手がかりを与えてくれそうな洞察が凝縮して詰められている言葉、頼りにできる根拠、それが auctoritas というものなのです。そういう意味で私は、この語を「典拠」と訳すようにしています。

「古典」と呼ばれるような書物には、うまく解読できれば非常に大きな洞察を与えてくれるけれども、なかなか的確に解読できないような言葉が多く含まれています。少し奇妙な比喩かもしれませんが、すぐには味わえないような仕方で冷凍された食品のようなものと言っていいかもしれません。冷凍食品には、それぞれにふさわしい解凍の仕方というものがありますよね。それと同じように、「典拠」についても、ふさわしい解凍、すなわち解釈という作業が必要になるのです。

学生　なるほど、トマスの時代の、知の基本的な在り方が少しわかってきたような気がします。

「愛」の成立構造

哲学者　だいぶ前置きが長くなってしまいました。主文のなかから、「愛」についてのトマスの理論の鍵となる一節を抜き出して、そこを中心に解読してみましょう。さきほど読んでくれた次の一節です。

> 欲求されうるもの（appetibile《アペティービレ》）が、欲求能力（appetitus《アペティートゥス》）に、まず自らへの適合性――欲求されうるものが気に入ること（complacentia《コンプラケンティア》）――を与えるのであり、そこから欲求されうるものへの運動が続くのである。

たった一文ですが、重要なことがものすごく凝縮して語られています。さきほど「日本語になっていない」と批判されましたが、トマスの述べていることを原文通りに正確かつ簡潔に訳そうとすると、どうしてもこのような翻訳になるのです。もちろん、トマスの哲学に初めて触れる人がこの文を見たり聞いたりしても、ほとんど何もわからないのが普通なので、安心してください。これから、誰でも理解できるように、ゆっくり丁寧に説明していきます。

このテクストが述べていることを理解するための手助けになる図が、さきほどお渡しした講義の配布資料のなかにあるので、見てください。「「愛」の成立構造」という図です。

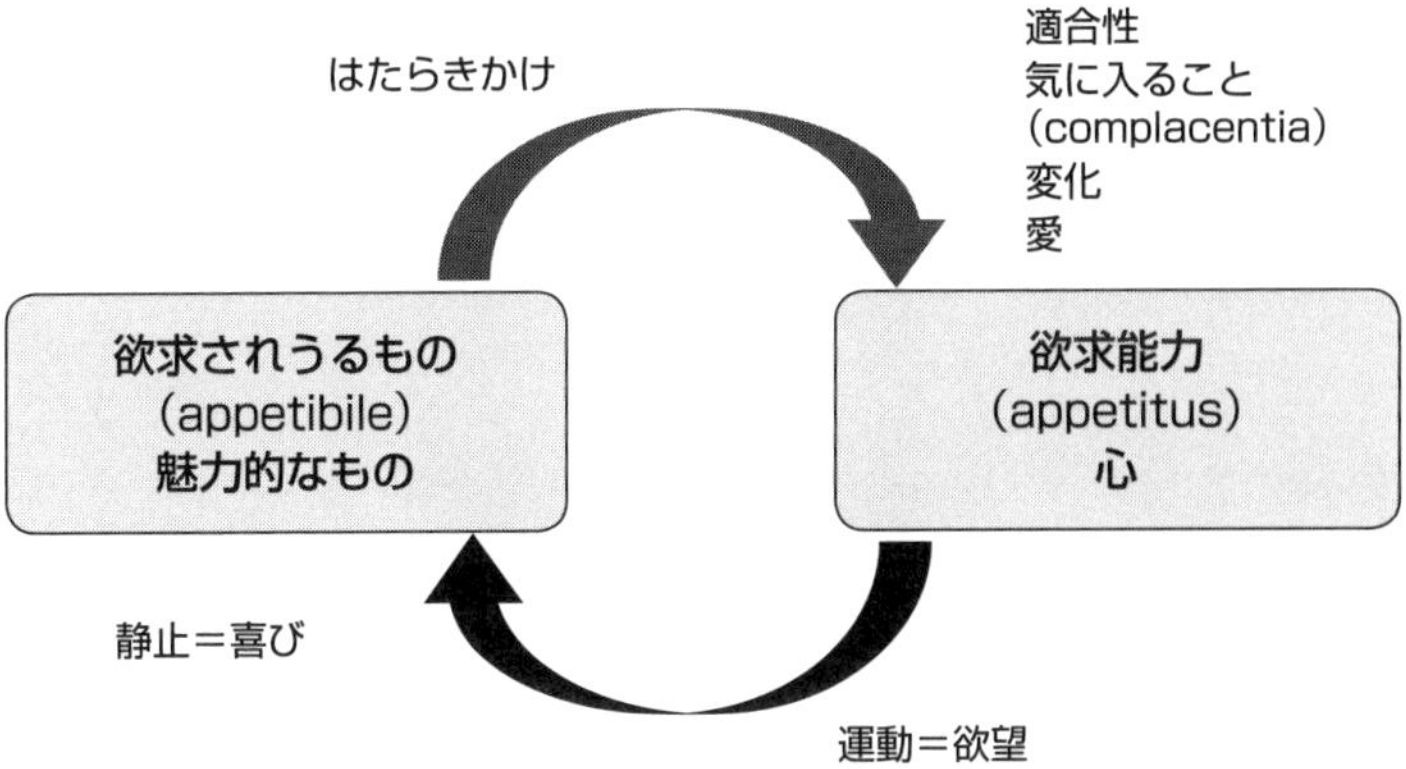

「愛」の成立構造

まず、読み取っていただきたいのは、「欲求されうるもの」と「欲求能力」という二つのものの関係が問題になっているということです。「欲求されうるもの」というのは、ラテン語の単語を直訳したものなので、少しわかりにくいかもしれません。とりあえずは、「魅力的なもの」というくらいの意味で理解しておけば大丈夫です。「欲求能力」のほうについても、とりあえず、「心」というくらいの意味だと考えておいてください。

　つまり、魅力的なものが、誰かの心にはたらきかけてくる。そして、はたらきかけられたその誰かの心が、その魅力的なものを気に入る、という非常にシンプルな関係が語られているのがこのテクストなのです。続きの部分も読んだほうがわかりやすくなると思うので、読んでみましょう。三行ほど省略して続きを読んでみます。

　欲求されうるものによる欲求能力の第一の変

化が愛と呼ばれる。愛とは、欲求されうるものが気に入ることにほかならないのである。そして、この気に入ることから、欲求されうるものへの運動が続いて生じる。これが欲望である。そして最後に静止であり、これが喜びである。

「欲求されうるもの」すなわち魅力的なものによって、「欲求能力」すなわち心が被《こうむ》る変化が「愛」にほかならない、とトマスは述べているわけです。ここには、興味深い様々な論点が現れてきています。

学生　愛が「変化」であるとはどういう意味でしょうか。

哲学者　たとえば、喫茶店でふと耳にしたある音楽によって心を強く揺り動かされ、喫茶店を出てからもずっとその音楽が心の中で鳴り響き続ける。または、通学途中でふと目に飛び込んできた素敵な車の姿に心を奪われ、以後、講義を受けているときでも、友達と会話をしているときでも、気づくとその車のことを思い浮かべている。そういったことはよくありますよね。

何かが気に入ると、そのものが心の中に住み始める。そしてそのことによって、私は、それまでの私ではなくなっている。その魅力的な音楽や、魅力的な車と出会う前の私と、出会った後の私とでは、何かが変わっているわけです。「愛」というものは、単に心の中から内発的に生まれてくるものではありません。外界の魅力的なものから心を揺り動かされることによって生まれてくる。そして、心を揺り動かされるということは、単に一時的に起こってそれで終わりということではなく、持続的な影響を私に及ぼし続けることになります。私たちは、日々、様々なものと出会い、それらのものの魅力を心に刻み込まれながら、生きているわけです。心の中に誰も住んでいない、心の中でどんな音楽も鳴り響いていない、心の中にどんな風景も刻み込まれていない、などという人はほとんどいないでしょう。

愛は「受動的」な仕方で生まれる

学生　愛は受動的な仕方で生まれてくるということでしょうか。

哲学者　そのとおりです。前回も説明したとおり、「感情」のことをラテン語でpassio《パッシオ》と言いますが、passioは「受動」とも訳すことができるような意味の広がりを持った言葉です。ラテン語は英語の多くの単語の語源にもなっているわけですが、英語でpassion《パッション》と言うと「熱情」と訳されるように強い情念のことを意味し、passive《パッシブ》と言えば「受動的」という意味ですよね。日本語だけで考えると到底結びつかない「熱情」と「受動」が、ラテン語では一つの言葉で表されるというのはとても興味深いことです。これは、単に複数の異なる意味がpassioという一つの単語のなかに混在しているということではありません。感情は受動的な仕方で生まれてくるものだという洞察が、この単語自体のうちに含まれていると言うことができます。愛は、感情の一つとして、受動的な仕方で生まれてくるものなのです。

学生　「愛」という「感情」が受動的な仕方で生まれてくるというのは「「愛」の成立構造」の図の上の矢印のことですね。人間の「心」が、「魅力的なもの」から「はたらきかけ」を受けて

「変化」させられ、「愛」が生まれてくる。そこまではわかりましたが、この図には他にもいろんなことが書かれています。下にも矢印がありますし。これはどういうことですか。

「欲望」と「喜び」

哲学者　さきほど読んだトマスの言葉をもう一度見てください。次のようになっていましたね。

欲求されうるものによる欲求能力の第一の変化が愛と呼ばれる。愛とは、欲求されうるものが気に入ることにほかならないのである。そして、この気に入ることから、欲求されうるものへの運動が続いて生じる。これが欲望である。そして最後に静止であり、これが喜びである。

このトマスの文章のちょうど二つ目の文までが、図で言うと上の矢印の部分の説明になるわけです。後半の「そして、この気に入ることから」以降が下の矢印の部分の説明になります。「この気に入ることから」というのは、「心」が「魅力的なもの」によって揺り動かされ、変化させられて、「愛」という感情が生まれたところから、という意味ですね。そこから、「欲求されうるものへの運動」が生まれてくる。すなわち、自分の心を揺り動かしてきた「魅力的なもの」をなんとかして手に入れたいという心の動きが生じてくる。それが「欲望」という感情です。

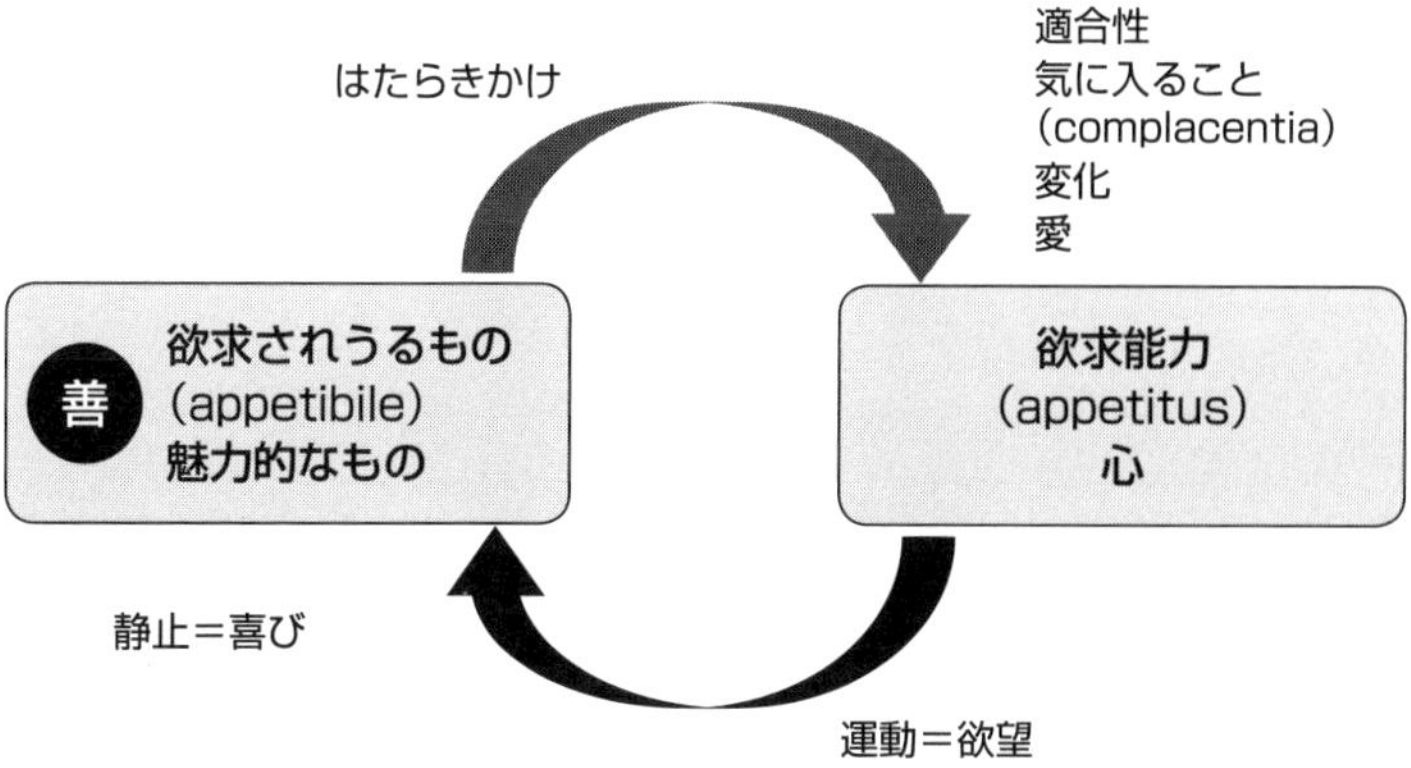

「愛」の成立構造（改訂版）

「欲望」については、前回「希望」についてお話ししたさいに、第三条件のところで出てきましたね。「欲望」の対象はなんでしたっけ？

学生　「希望」の対象が「獲得困難な未来の善」であったのに対して、「欲望」は、特に困難であるかどうかにかかわりなく、「未来の善」を対象にするという話だったはずです。

哲学者　よく憶えていましたね。トマスという哲学者はとても体系的にものを考える人なので、様々な箇所で述べている話が、こういう仕方で少しずつつながってくるのです。

そして、この「欲望」という運動が、無事にその対象に到達すると、その運動は静止して、「喜び」という感情が生まれてきます。「喜び」についても、「希望」についての箇所で出てきていましたね。「喜び」の対象は何でしたか。

学生　「希望」の対象が「未来の善」であったのに対して、「喜び」の対象は「現在の善」だという話が、「希望」の対象の第二条件のところで出てきていたと思います。

哲学者　そのとおりです。魅力的なもの、価値のあるもの、善いものがすでに手に入って、いま自分の手元にある、そのことによって「喜び」という感情が生まれてくるのです。

ここまでの話ですでに気づいたかもしれませんが、実は、今日のここまでの説明で「魅力的なもの」と言ってきたものは、前回「希望」についてお話ししたさいに出てきた「善」という言葉で言い換えることができるものなのです。そのことを踏まえてさきほどの図を書き直すと、「「愛」の成立構造（改訂版）」（前頁）という図になります。

あらゆる感情の根源にある「愛」

学生　なるほど。「善（欲求されうるもの）」に関わる「愛」「欲望」「喜び」という感情の流れについて、とりあえず理解することができたと思います。ところで、今日の話の冒頭で、愛は「すべての感情の根底にあるもの」とおっしゃっていたのが気になっています。少し詳しく説明していただけないでしょうか。

哲学者　はい、あらゆる感情の根源に「愛」があるとトマスは考えているのです。

学生　どうしてそんなことが言えるのですか。キリスト教は「愛の宗教」と言われますよね？だから、トマスは、一見論理的に人間の感情を分析しているようでいて、キリスト教の教えを持ち込んで、「愛がすべての根源だ」と強引に論じようとしているだけではないのですか。そうだとしたら、キリスト教徒ではない自分としては、ついていけないなとも感じます。

哲学者　いえ、人間の「感情」についてのトマスの分析は、あくまでも、論理的・哲学的に行われているものであって、キリスト教の教義を中途半端に持ち込んだようなものではないのです。少し具体的に見ていきたいと思います。

たとえば、「恐れ」という感情について考えてみましょう。地震が起こり、津波が発生したという情報が入ってきて、我が家が破壊されてしまうのではないかという「恐れ」を抱くとします。そのとき、私が「恐れ」を抱くのは、我が家を愛しているからですね。または、自分の命が奪われてしまうのではないかという「恐れ」を抱くとしたら、それは、私が私自身の命を愛しているからです。こういった仕方で、私が何かを「愛している」ということが基盤にあって、「恐れる」ということも生じてくるわけです。

学生　他の感情についてはどうですか。

哲学者　お渡しした資料のなかにある「「愛」の根源性」という図を見てください。「愛」が真ん中にあって、そのまわりに他の諸々の感情が並んでいますね。時計回りに一つずつ見ていきましょう。トマスは人間の基本的な感情は「愛」を含めて十一個あると考えていて、それがこの図に描き出されています。それぞれの感情がどういうものかということについての詳しい説明はまだしていませんが、とりあえずは雰囲気をつかんでいただければ大丈夫です。

まず、「愛と憎しみ」ですが、私の愛している友人を傷つけるいじめっ子を私が憎むといった例を考えるとわかりやすいと思います。

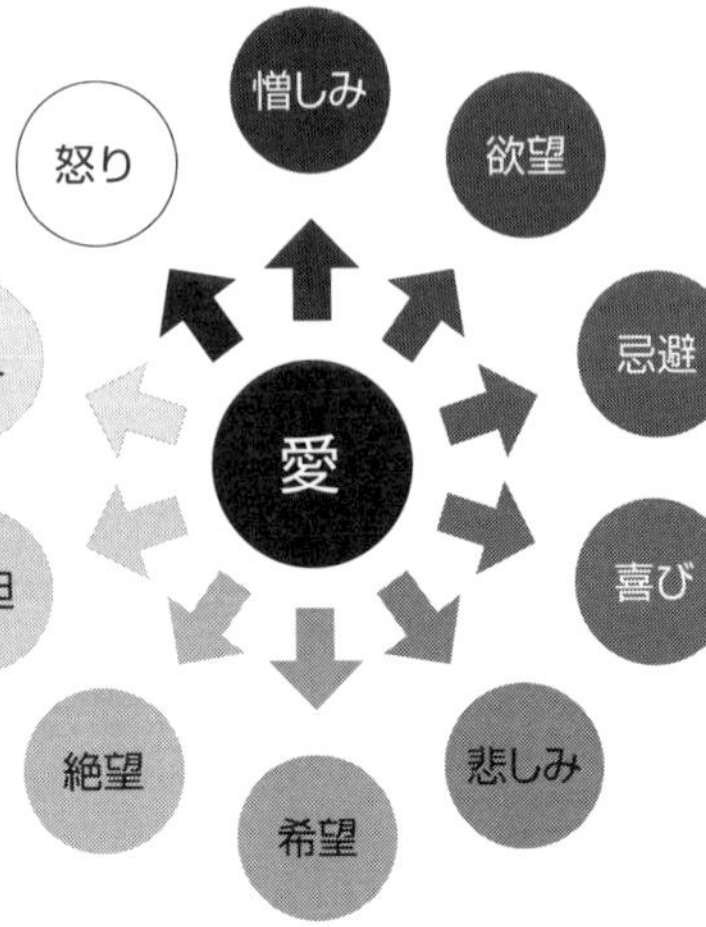

「愛」の根源性

「愛と欲望」の関係については、もうすでに説明してあるからいいですね。

「愛と忌避」の関係も、そんなに難しいことではありません。私がいじめっ子を「忌避」するのは、私が私自身を愛しており、その愛している自分が傷つけられるのを避けたいからですね。そういう意味で、「愛」が「忌避」の根源にあるのです。

「愛と喜び」についても、今日すでに話したなかに含まれていましたね。私は、バッハが好きなのですが、バッハへの愛があるから、その音楽を聴いて喜びを感じるわけです。

「悲しみ」については、友人が亡くなって私が悲しむのは、その友人を愛していた、いや今でも愛しているからですね。

また、高校生が、頑張れば志望大学に合格できるのではないかという「希望」を抱くのも、その原点にまで立ち戻ってみれば、その大学を愛しているからこそですし、いくら頑張っても合格することは無理だと「絶望」に陥るのも、その大学を愛しているからですね。その大学に「無関心」であれば、そんな「絶望」など生まれてこないわけです。

戦場で、困難な敵に正面から立ち向かっていこうという「大胆さ」が生まれてくるのは、立ち向かうことによってこそ獲得できる味方の勝利を愛しているからですね。

「恐れ」については先ほど説明したので省略して、「怒り」について言えば、いじめっ子から親友がいじめられているのを見て「怒り」を抱くのは、親友を愛しているからでしょう。

このように、あらゆる感情の根底・根源には「愛」という感情があるということになるのです。

「愛」という感情の特別性

学生 なるほど、たしかに、いま挙げていただいた様々な具体例には、それなりの説得力がありました。でも、別の感情を真ん中に持ってきても、似たようなことが言えるのではないでしょうか。

哲学者 鋭い指摘ですね。トマスは、それと似たような問題について、『神学大全』第二部の第一部第二七問題第四項「何らかの他の感情が愛の原因であるか」という箇所で論じています。「愛」が他の感情の原因になるのではなく、他の感情のほうが「愛」の原因になることがあるのかどうかを問題にしているわけですね。

学生 どういう答えになっていますか。

哲学者　トマスが「主文」で述べている結論を引用してみると、次のようになっています。

何らかの他の感情が、普遍的な仕方であらゆる愛の原因であるということは不可能である。だが、何らかの他の感情が、何らかの愛の原因であることは可能である。

学生　ちょっとややこしくて、すぐにはよくわからないですね。

哲学者　トマスはいくつか具体例を挙げているので、それを見てみましょう。まずは、「喜び」についてです。「愛」が「喜び」の原因になるのではなく、「喜び」のほうが「愛」の原因になることがあるかということですね。

アリストテレスが『ニコマコス倫理学』第八巻の友愛論において取り上げている、「喜び」のゆえに愛される人がいるという例を、トマスは紹介しています。厳密に言うと、これは「主文」のなかで紹介されているものではなく、「異論」の一つとして挙げられているものです。

学生　「喜び」のゆえに愛されるとはどういう意味ですか。

哲学者　「喜び」を与えてくれるということが原因となって、誰かがその人のことを好きになる、すなわちその人に「愛」を抱くようになるという意味です。「喜び」と訳しているdelectatio《デレクタチオ》という言葉は、「快楽」とか「楽しさ」と訳すこともできる言葉なのですが、要するに、一緒にいると楽しいから好きになるということですね。この場合には、「楽しい」ということが「好き」ということの原因になっている、つまり、「喜び」が「愛」の原因になるではないかとこの「異論」は主張しているわけです。

学生　なるほど。

哲学者　トマスは、たしかにそういうケースがあるということを認めたうえで、その場合でも、最も根底にあるのは「愛」だと述べています。これは、トマスが「異論」を処理する典型的なやり方の一つですね。「異論」の主張をやみくもに否定するのではなく、もっともな点は認めたうえで、その一面性を指摘し、より広い文脈のなかに置き直して、事柄の全体像を浮き彫りにするというやり方です。

「あの人と一緒にいると楽しいから、あの人のことが好きだ」というような場合に、どうしてその人と一緒にいると楽しいのでしょうか。それは、たとえば、本の好みが似ている、フランス映画という共通の趣味がある、ということがあるからですね。そうすると、その場合にも、「フランス映画に対する愛」が、その相手の与えてくれる「喜び」の根源にあるということになるわけです。もしも、私が何に対しても無関心な人間であったら、その同じ相手と一緒にいても特に楽しくはないわけですね。私が何か——たとえばフランス映画——を愛しているということが、その人と一緒にいることの楽しさの原因であり、そしてその楽しさが原因となって、その人に対する愛が生まれてくるという構造になっているわけです。

学生　少し入り組んだ話ですが、だいたい理解できたのではないかと思います。

「欲望」は「愛」の原因になるか

哲学者 もう一つ、「欲望」についての事例も見てみましょう。これも、トマスが別の「異論」として紹介しているものです。そこで挙げられているのは、「有用性ゆえの友愛」という事例です。すなわち、私が何らかのものに対する「欲望」を抱いている。そして、そのものをある人がくれるから、その人を好きになる、というような例です。この場合も、「欲望」が「愛」の原因になっているように見えますね。

学生 そうですね。

哲学者 この事例に対するトマスの処理の仕方は、基本的に、さきほどの「異論」に対する処理と同様です。お金に対する「欲望」を抱いている人は、お金をくれる人に「愛」を抱くようになるかもしれない。でも、その場合であっても、なぜその人がそもそもお金に対する「欲望」を抱いているかと言えば、それはその人がお金に対する「愛」を抱いているからということになるわけです。

学生 わかりました。

哲学者 さきほど引用した「主文」のなかで、トマスは次のように述べていましたね。

何らかの他の感情が、普遍的な仕方であらゆる愛の原因であるということは不可能である。だが、何らかの他の感情が、何らかの愛の原因であることは可能である。

いま説明した具体例を踏まえると、この主文の文言《もんごん》が理解しやすくなるのではないかと思います。「何らかの他の感情」——たとえば「喜び」や「欲望」——が「愛の原因」になることは可能だけれども、「普遍的な仕方であらゆる愛の原因であるということは不可能である」とトマスは言っているわけです。この「普遍的」云々《うんぬん》の部分は少しわかりにくいかもしれませんが、「愛」と「他の感情」とを入れ替えて、「愛は普遍的な仕方で他のあらゆる感情の原因である」と言い直すと、トマスが認める命題になります。愛は、たまたまある一つの感情の原因になることがあるというだけではなくて、常にあらゆる感情の根底にあるのだ、という意味ですね。そして、愛以外の感情を、この「愛」の箇所に代入することはできない。愛のみが特権的な仕方で、他の感情の根源に横たわっている特別な感情なのだ、とトマスは述べているわけです。

「欲望」と「欲求能力」

学生　詳しく説明していただいたおかげで、愛という感情の根源性がよくわかりました。ですが、今日のお話で、一点まだよくわからないところがあるので、質問してもよろしいでしょうか。

哲学者　もちろんです。

学生　いまの説明のなかでも出てきた「欲望」という言葉は、今日の話の最初のほうに出てきた「欲求能力」という言葉と似ていますが、この二つは異なる概念なのでしょうか。もし異なるとすれば、どのように異なっているのでしょうか。

哲学者 ああ、その点についてのきちんとした説明を忘れていました。この二つの概念はたしかに言葉だけを見ると紛らわしいのですが、かなり異なるものですので、はっきりと区別する必要があります。

この区別を理解するためには、一見、回り道のようにも見えますが、トマスが人間精神の構造をどのように説明しているかを見るのが早道だと思います。

学生 人間精神の構造ですか？

哲学者 はい。図を見ていただいたほうがわかりやすいと思いますので、お渡ししてあるプリントのなかにある「人間精神の構造」という図をご覧ください。

人間の精神は、様々なことを為す力を有していますが、それは「把捉《はそく》力」と「欲求力」に大別されます。「把捉力」というのは、少し耳慣れない言葉だと思いますが、要するに物事を捉える力のことで、「認識力」と言っても構いません。そして、「把捉力」は、「理性」と「感覚」とに分けられます。「理性」は人間固有のもので、知的に世界を認識する能力です。それに対して、「感覚」は、人間が他の動物と共有している能力で、五感に基づいて世界を捉えるものですね。

他方、「欲求力」とは、文字通り、欲求する力のことです。「欲求」は、「認識」に基づいて生じてくるので、「把捉力」が「理性」と「感覚」に分けられるのに対応して、「欲求力」も「理性的欲求能力」と「感覚的欲求能力」に分けられます。「理性的欲求能力」は「理性」を有する人

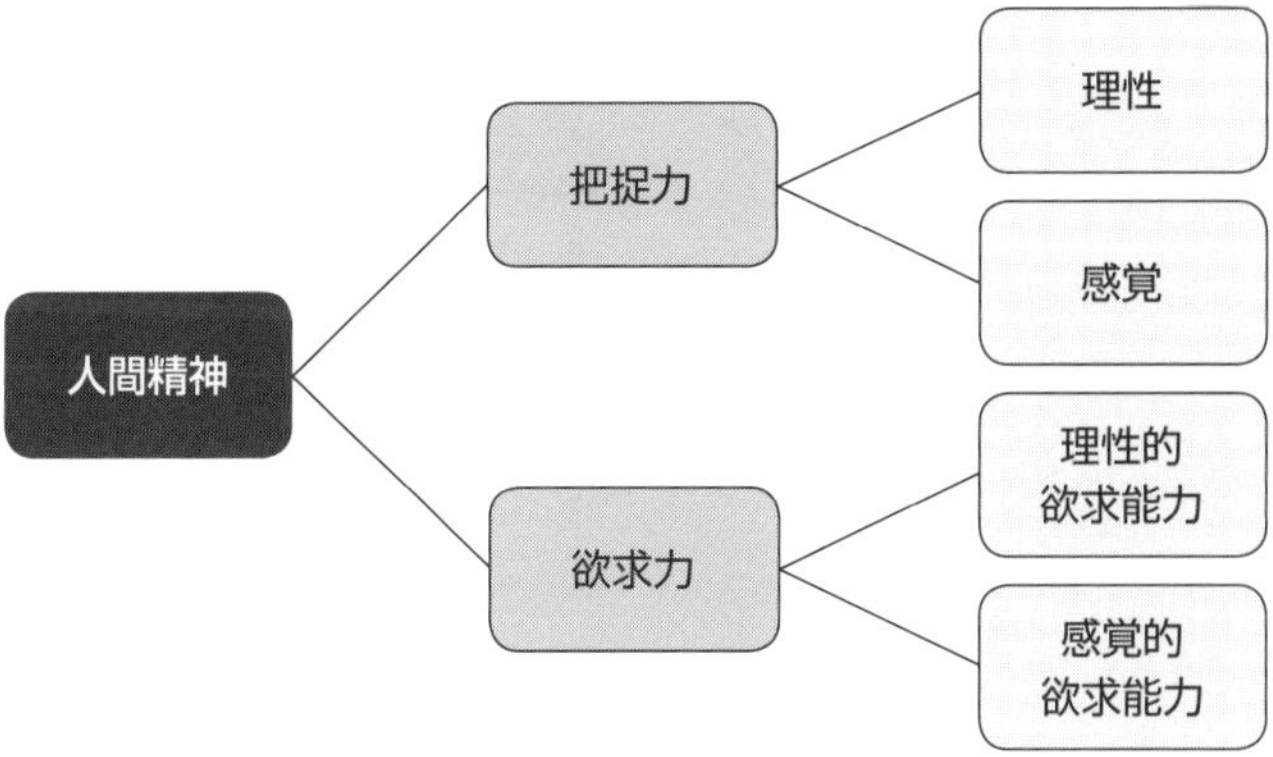

人間精神の構造

間に固有の欲求です。真理を認識したいとか、社会に正義を実現したいというような欲求のことです。「理性的欲求能力」は、「意志」とも呼ばれます。他方、「感覚的欲求能力」は、五感に基づいた欲求能力で、人間だけではなく、他の諸動物も有しています。そして、トマスによると、この「感覚的欲求能力」の運動が「感情（passio）」にほかならないのです。

学生　「欲求能力」という言い方はなんだかくどい感じがしますが、どうして、単に「欲求」と言うのではなく、「欲求能力」と言うのでしょうか。

哲学者　いま話そうとしている話のポイントは、まさにそこにあるのです。「「愛」の成立構造」の図の下の矢印の「欲望」というのは、たとえば、「机の上に置いてある美味しそうなアイスを食べたい」とか「手触りのいい毛布に触れてみたい」とか、そういう心の動きですね。でも、こういう一つ一つの心の動きというのは、生まれては消えていくものですね。それは、「恐れ」や「大胆」といった他の心の動きについても同様です。
　他方、「欲求能力」というのは、そうした心の動きが生まれてくる根っこにあって、人間が人間である限り存在し続けるものなのです。たとえば、「石」には「感覚」がないので、「感覚的欲求能力」もありません。だから、「感覚的欲求能力」の運動である「感情」も存在しないわけですね。まさに「能力」の問題なので、「欲求」ではなく「欲求能力」としているのです。

学生　なるほど。違いがよくわかりました。

欲求的運動の円環性

哲学者　今日は主に『神学大全』第二部の第一部第二六問題第二項「愛は感情（passio）であるか」という箇所を読みながらお話ししてきましたが、ここまでの話を踏まえて、さきほどは省略した部分も含めて、主文をまとめて読んでみましょう。最初に触れたときと比べると、随分と理解が深まっているのではないかと思います。ちょっと音読してみてください。

学生　了解しました。

　欲求されうるもの（appetibile《アペティービレ》）が、欲求能力（appetitus《アペティートゥス》）に、まず自らへの適合性――欲求されうるものが気に入ること（complacentia《コンプラケンティア》）――を与えるのであり、そこから欲求されうるものへの運動が続くのである。というのも、〔アリストテレスの〕『霊魂論』第三巻において言われているように、「欲求的運動は円環的な仕方で行われる」からである。すなわち、欲求されうるものが欲求能力を動かして、その志向のうちに何らかの仕方で自らを形成する。すると欲求能力は欲求されうるものを実際に獲得することへと向かうのであり、こうして、〔運動の〕始源であったところが終極となるのである。それゆえ、欲求されうるものによる欲求能力の第一の変化が愛と呼ばれる。愛とは、欲求されうるものが気に入ることにほかならないのである。そして、この気に入ることから、欲求されうるものへの運動が続いて生じる。これが欲望である。そして最後に静止であり、これが喜びである。

哲学者　はい、ありがとう。「欲求的運動は円環的な仕方で行われる」という言葉がとても印象的ですね。

「「愛」の成立構造」という、さきほどから繰り返し見てもらっている図は、この「欲求的運動は円環的な仕方で行われる」という言葉から示唆を受けて私が作成したものです。あらためて見てもらうと一目瞭然だと思いますが、上下の矢印で大きな円環を形成していますね。

いま読んでいただいたテクストのなかで、トマスは、「〔運動の〕始源であったところが終極となる」と述べていますが、この「始源」というのはどこだと思いますか。

学生　「始源」というのは、「始点」とか「始まり」という意味ですよね？　「欲求されうるもの」が「欲求能力」にはたらきかけるところからすべてが始まるというお話だったので、「始源」は「欲求されうるもの」ではないでしょうか。

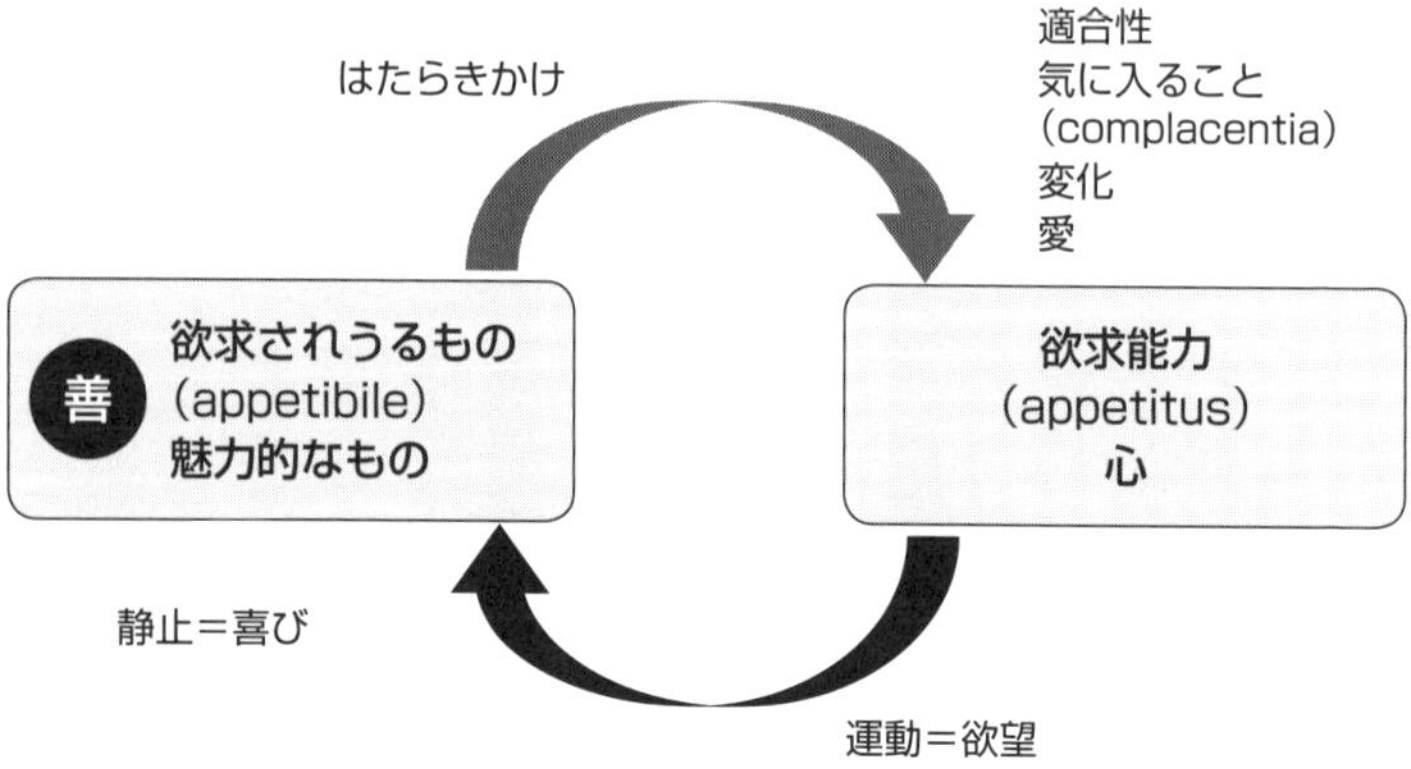

「愛」の成立構造(改訂版)

哲学者　そのとおりです。今日の話を正確に理解していただけたようで、安心しました。話を聞く前であったら、欲求的運動の始源は、欲求を抱く人の心(欲求能力)のうちにあると答えていた可能性が高いのではないかと思います。

学生　ええ、たしかに。普通なら、欲求の運動というか、様々な感情の動きは、感情を抱く人自身から始まると考えてしまうと思います。そうではなく、欲求されるものの方が、その人の心を揺り動かしてくるところから始まるというのは、説明されてみると当たり前のことのようですが、意外と盲点だと思います。

哲学者　そうですね。「希望」の話をしたさいにも似たようなことを言いましたが、わかってみれば当たり前なのだけれど、わかる前まではそのことに気づいていなかったというようなことが哲学には多いのです。

学生　たしかにそうですね。

愛の二面性

哲学者　この「「愛」の成立構造」の図は、あるいは「欲求的運動の円環性」の図と呼んでもいいかもしれませんが、「愛」という感情の二面性を表しているという言い方もできるかもしれません。

学生　「愛の二面性」とはどういう意味ですか。

哲学者　まず「愛」は、「欲求されうるもの」のはたらきかけを被《こうむ》ることによって、受動的な仕方で発生するものですね。それを表しているのが上の矢印です。他方、下の矢印に関して言うと、「欲望」を抱いて「欲求されうるもの」を獲得しようと能動的に頑張るわけですね。そして、そのいろいろと頑張る原動力は、「愛」のうちにあるわけです。つまり、「愛」は、受動的に生まれながら能動的な行為の原動力になる、という非常にダイナミックな性格を有しているのです。

「受動的」という在り方は、しばしば、あまり好ましくないものとして語られがちですね。「そんな受動的な生き方をしていてはいけない」といった感じで非難の意味を込めて使われることも多いと思います。

でも、そういった捉え方が一面的なものにすぎないということが、この「欲求的運動の円環性」の図から読み取れると思うのです。

私たちは、「欲求されうるもの」からのはたらきかけを「受動」しうるからこそ——もう少し自然な言い方で言うならば「受容」しうるからこそ――能動的に活動して魅力的なものを獲得していくこともできるわけです。受動すること、この世界のなかにある魅力的なものの美点によって心を打たれること、そういう意味での受動性・受容性は、非難されるべきものではなく、むしろ、真に充実した人生を送っていくための前提条件とも言えるでしょう。

学生　たしかに、自分からやみくもに何かを愛そうとするより、何らかの対象の方から自分へのはたらきかけがないかどうか、目を凝らし耳を澄ませ、心を開いておくことが、愛を引き寄せる第一歩なのかもしれませんね。

今日も遅い時間まで、ありがとうございました。また次回、「愛」と「希望」以外の感情についても詳しいお話を聞かせていただけると嬉しいです。

哲学者　わかりました。来週また同じ時間に来てください。

第三章　感情の分類（一）——欲望的な感情

「欲望的な感情」と「気概的な感情」

学生　本日もよろしくお願いします。哲学というのは、とても抽象的で難解な学問で、日常生活とはあまり関係のないものだと思っていたのですが、先生のお話は、私自身の実際の心の動きにも即した内容で新鮮でした。哲学を専攻したいという思いが少しずつ強くなってきたように思います。

哲学者　それは嬉しいですね。

学生　前回は、「愛」がすべての感情の根っこにある根源的な感情だということを教えていただきましたが、「愛」と他の感情との関係について、もっと詳しく知りたいと思っています。そもそも、「愛」と「希望」以外の感情については、まだ詳しく教えていただいていないので、ぜひもう少し体系的に説明してもらえたら、と思います。

哲学者　わかりました。今日は、前二回の「希望」と「愛」の話を踏まえつつ、より範囲を広げて、「感情の論理学」のお話を体系的にしてみたいと思います。

学生　よろしくお願いします。

哲学者　トマスは、一見とりとめのない感情の流れを前にして、いくつかの補助線を引くことによって、諸々の感情を明確に区別しようと試みています。実は、その補助線はすべて、これまで述べてきた話のなかにすでに出てきているのですが。

学生　そうなのですか。人間の感情という捉えどころのないものが、これまで出てきたわずかな道具立てだけで、すべて区別できるなんて、にわかには信じがたいのですが。

哲学者　前回、トマスは、人間には十一個の基本感情があると考えたと言いました。そして、この十一個の基本感情を、彼は「欲望的な感情（passio《パッシオ》 concupiscibilis《コンクピスキビリス》）」と「気概的な感情（passio irascibilis《イラスキビリス》）」とに大別しています。

「気概的な感情」は、善の獲得または悪の回避に「困難」が伴う場面で発現してくる感情です。初回にお話しした「希望」は、その代表的なものの一つですね。

それに対して、「欲望的な感情」は、「困難」が伴うか否かは関係なく、とにかく魅力的なものや状況へと接近する、あるいは有害なものや状況から遠ざかろうとする心の動きです。

あまりなじみのない区別なので少しわかりにくいかもしれませんが、「欲望的な感情」と「気概的な感情」との区別は、実はさほど難しいものではありません。

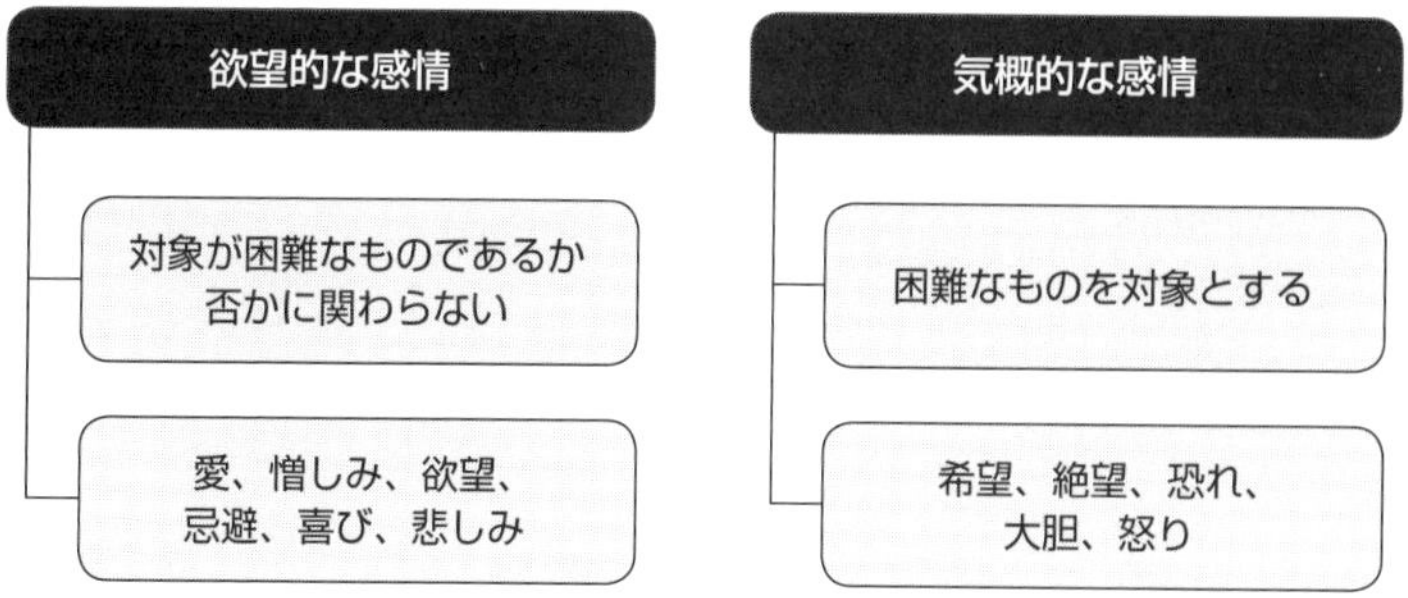

「欲望的な感情」と「気概的な感情」

魅力的なものと関わりたい、嫌なものと関わりたくないという人間の心の最も基本的で自然な運動によって生まれてくるのが「欲望的な感情」です。

それに対して、その自然な運動の達成を妨げる「困難」との出会いによって生まれてくるのが「気概的な感情」です。ですので、「気概的な感情」は、「欲望的な感情」があって初めて生まれてくる二次的な心の動きなのです。とはいえ、「気概的な感情」は、「欲望的な感情」の存在を前提としているという意味では二次的ではありますが、「困難」というものは、人間の心を強く揺り動かすものなので、「気概的な感情」が重要でないという意味ではありません。

学生　「欲望的な感情」とか「気概的な感情」という言い方は初めて耳にしましたが、一応その区別についてはわかりました。

	善	悪
現在	喜び	悲しみ
未来	欲望	忌避
双方	愛	憎しみ

欲望的な感情の分類

「欲望的な感情」の分類

哲学者　まずは、「欲望的な感情」について説明してみましょう。「欲望的な感情」は「愛」「憎しみ」「欲望」「忌避」「喜び」「悲しみ」の六種類があります。善を対象にしているか悪を対象にしているかという対象の善悪に関わる観点と、「現在」の出来事を対象にしているのか「未来」の出来事を対象にしているのかという時間軸による区別を組み合わせることによって六つの感情が析出《せきしゅつ》されてくるのです。前回お渡ししたプリントのなかにある「欲望的な感情の分類」という表を見てください。

学生　「現在の善」を対象とする感情が「喜び」で、「現在の悪」を対象とする感情が「悲しみ」だという読み方で大丈夫でしょうか。

哲学者　はい。この表は、そのように読み取っていただければ大丈夫です。残りの部分についても一応言っておくと、「未来の善」を対象とするのが「欲望」、「未来の悪」を対象とするのが「忌避」。そして、現在のものか未来のものかという限定に関わりなく、とにかく「善」を対象とするのが「愛」、「悪」を対象とするのが「憎しみ」です。

「愛」と「欲望」の違い

学生　「喜び」と「欲望」については、「希望」のお話のところでも出てきましたし、比較的わかりやすいですね。でも、「欲望」と「愛」の区別というのがまだはっきりとはわからないので、もう少しイメージをつかみやすいように、具体的に説明していただけないでしょうか。同じように、「憎しみ」と「忌避」の区別や、「愛」と「憎しみ」に時間的な限定がないという話もよくわかりません。

哲学者　そうですね。たしかにわかりにくいところがあると思います。一つ一つ説明していきましょう。

日本語で「愛」と言うと、恋愛とか親子の愛とか、かなり限定された文脈で使われるというイメージがあります。たとえば、「筆箱への愛」「スマホへの愛」「ポカリスエットへの愛」などというような言い方をする人がいたら、ちょっと大げさなものの言い方をする人だなという印象を受けますよね。でも、トマスにおける「愛（amor）《アモル》」という言葉は、こういった対象についても使われる極めて汎用性のある言葉なのです。日本語で言えば、「好き」というぐらいの意味だと考えておいたほうがいいかもしれません。「私はこの筆箱を愛しています」と言われると、いったいどれだけ好きなんだと突っ込みたくなりますが、「私はこの筆箱が好きです」と言われれば、普通に「そうなんだな」と思えるでしょう。まず、この「愛」という言葉がそういう意味の言葉だということを理解してください。

学生　よくわかりました。そういえば、学生たちが作っている、授業についての評価や感想が載っている冊子を見たら、先生のところには、「トマスへの愛」と書いてありました。

哲学者　そういうことです（笑）。「愛」という言葉が広い意味で使われていることを理解してもらえたならば、「愛」と「欲望」の区別も明確になってくるのではないかと思います。

「欲望」というのは、魅力的な対象へと向かっていく心の動きのことです。何かを手に入れようとする心の運動と言ってもいいですね。「愛」についてと同じ例を使えば、「筆箱への欲望」「スマホへの欲望」「ポカリスエットへの欲望」となります。もっと噛《か》み砕いた言い方をすれば、「筆箱が欲しい」「スマホを見たい」「ポカリスエットを買いたい（飲みたい）」ということですね。

なぜそういう「欲望」を抱いているのかと言えば、まだその「欲望」が満たされていないからです。その意味において、「欲望」とは、時間軸で言えば「未来」のものに関わる心の動きですね。そして、なぜそのものを欲望するのかと言えば、それが何らかの意味で善《よ》いもの、魅力的なものだからです。

「ポカリスエットを飲みたい」という例で考えれば、なぜポカリスエットをいま欲しているのかと言えば、まだ飲んでいないから、まだ手に入っていないからですね。すでに手に入っていて充分な量を飲んでいれば、「ポカリスエットを飲みたい」とは思わないわけです。また、のどが渇いているのであれば、べつにポカリスエットでなくても水分であればなんでもいいはずなのに、どうしてポカリスエットを飲みたいのかと言えば、それは「ポカリスエットが好きだから」、つまり、トマスの言葉遣いで言えば、「ポカリスエットを愛しているから」ということになります。

そして、のどが渇いているときに、好きなポカリスエットを充分に飲むことができたら、「喜び」という感情を抱く。「喜び」の対象が「現在の善」だというのはそういう意味です。

学生 なるほど。「喜び」と「欲望」については、初回の「希望」についての話のなかでも出てきましたが、いまの話でより明確にイメージがつかめた感じがします。

「欲望」の根底にある「愛」

哲学者 次に、「欲望」と「愛」との違いについて説明します。わかりやすいように、引き続き具体例に基づいて話を進めていきましょう。ポカリスエットを充分な量飲むと、「ポカリスエットを飲みたい」という「欲望」は静止し、消滅します。しばらくして再びのどが渇いてきたら、また同じ「欲望」が生まれてくるかもしれませんが、当面は消滅するわけです。それでは、「愛」についてはどうでしょうか。私の「ポカリスエットへの愛」も消滅しますか。

学生 「ポカリスエットが好きだ」という気持ちが消滅するか、という意味ですよね？　それは消滅しないのではないですか。

哲学者 そのとおりです。「欲望」がおさまっても、「欲望」の根にある「愛」は消滅しないのです。「ポカリスエットへの愛」は、「ポカリスエットへの欲望」の根底にあって、その欲望の生成と消滅を貫いて持続し続けているわけです。

学生　たしかに、一回「欲望」が満たされると、その「欲望」の根底にある「愛」もまた消滅してしまうとしたら、私たちの人生はとても刹那的なものになってしまうという感じがします。自分は何を好きな人間なのか、どういう好みを持った人間なのかということが全く不安定・不確実になってしまうわけですから。

「喜び」の根底にある「愛」

哲学者　そのとおりですね。そして、似たことは、「愛」と「喜び」との関係についても言えます。喉《のど》が渇いて、「ポカリスエットへの欲求」が生まれてきた、そして無事にポカリスエットが手に入って飲むことができた、すなわちポカリスエットという「善」がすでに今現在自分のものになったということで「喜び」が生まれてくる。これが「喜び」の発生の経緯ですね。でも、もしポカリスエットが手に入ったときにすでに「ポカリスエットへの愛」が消滅していたとしたら、どうでしょうか。喉を潤《うるお》すことができた満足感はあるにしても、「喜び」と呼ぶに値する感情は生まれてこないですよね。

　もう少し別の具体例も考えてみましょう。誰かのことを好きになって、付き合い始め、結婚という形でその人とずっと共にいたいという「欲望」が生まれてきたとします。そして、お互いに納得して結婚することが決まったのですが、結婚式の準備などを進めていくなかで、いろいろと喧嘩をしたりして、お互いの価値観の違いなどがわかり、その人に対する「愛」がかなり冷めてきてしまう。しかし、招待状も送り終わった今となっては、式を取りやめるのもハードルが高いし、勢いもあるので、そのまま結婚したとしましょう。その場合、結婚してその人とずっと一緒にいられるようになっても、あまり「喜び」は生まれてこないですよね。結婚してなぜ「喜び」が生まれてくるのかと言えば、普通はその人のことを愛し続けているからですね。

このように、「現在の善」に関わる「喜び」についても、「未来の善」に関わる「欲望」についても、その根底に「愛」という感情があるのです。その意味で、「愛」という感情は、「現在」か「未来」かという時間軸上の限定を超越したものなのです。

学生　これで、「欲望的な感情の分類」の表の左列の「善」に関する感情については一通りわかりました。右列の「悪」に関する感情についてもご説明ください。

「憎しみ」「忌避」「悲しみ」

哲学者　「善」に関する感情が理解できていれば、「悪」に関する感情については、かなりわかりやすいのではないかと思います。

「悪」に関わる一連の感情は、何らかのものや人や事態などが嫌いなので、それを避けたいと思っていたのに、関わらなければならなくなってしまったり、その事態に巻き込まれてしまったりして、悲しくなるという一連の流れを持ったものになっています。

「愛」が、あらゆるものや人や事象について語ることのできる、極めて汎用性のある心の動きであったように、「悪」に関わる感情の出発点にあたる「憎しみ」も、極めて広い領域に及びます。「愛」と同じように、「憎しみ」という日本語は、かなり強い心の動きという印象がありますよね。親友を自殺に追い込んだいじめっ子を憎む、といった場合のような。ですが、トマスの感情論で出てくる「憎しみ（odium《オディウム》）」というのは、もっと一般的で日常的な心の動きです。「ニンジンへの憎しみ」「雨への憎しみ」「同級生への憎しみ」と言うと、何らかの特別な事情があるのだろうかと想像したくなりますが、ここで言っている「憎しみ」というのは、嚙み砕いて言えば、「愛」が「好き」ということであったように、「嫌い」ということなのです。「ニンジンが嫌い」「雨が嫌い」「同級生が嫌い」ということですね。

ある同級生のことが嫌いで、会いたくないなと思って同じ授業を取らないようにしていた、すなわち忌避していたのに、キャンパスでふと出くわしてしまい、少し落ち込んで悲しい気持ちを抱いて帰宅する、といったような流れをイメージしてみてください。

「悪」の系列についても、時間軸は、「善」の系列とだいたい同じです。「忌避」と訳しているfuga《フガ》というラテン語は「回避」と訳したほうがわかりやすいかもしれません。ただ、「回避」と言うと、感情とか心の動きというよりは、行動において実際に避けることというニュアンスが強くなってしまいますね。「忌避」と言ったほうが、嫌いなものから逃れようとする心の動きというニュアンスが出ると思いますが、「憎しみ」との違いが少し不明確になってしまう面もあるかもしれません。「忌避」とも「回避」とも訳せるような広がりを持った言葉だと理解してもらえればと思います。

「回避」は「未来の悪」に関わる感情です。というのも、私たちが「悪」を「回避」しようとするのがなぜかと言うと、それはまだ「回避」できる可能性があるからですね。客観的にはどうであれ、少なくとも本人はまだその事態から逃れることが可能だと考えている。もうすでに「悪」が「現在」のものになってしまえば、「回避」の段階は終わってしまい、「悲しみ」という感情が生まれてくるわけです。

「回避」しようとした「悪」にとらえられてしまう、または、獲得したり確保したりしようとしていた「善」を失ってしまうときに生まれてくるのが「悲しみ」という感情です。「善を失う」ということは「悪」にほかならないわけですから、どちらの場合であっても、「悲しみ」は「現在の悪」に関わる感情ということになるわけです。

「現在の悪」はどのような感情を生むのか

学生　先生のおっしゃるとおり、「善」に関わる感情の系列についての理解を踏まえると、比較的わかりやすく聞くことができました。ですが、時間軸に関して、「悪」が「現在」のものになってしまえば、「回避」の段階は終わってしまい、「悲しみ」という感情が生まれてくるというところについては、少し納得できないところが残っています。「現在の善」について「喜び」が生じるのはよいとして、「現在の悪」に直面して単に悲しんで終わりというのでは、「肯定の哲学」とは言えないでしょう。もっと前向きに立ち向かうような心の姿勢もありうるような気がしますし、あってしかるべきだと思います。なんだか「悪」に為されるがままという感じがして、あまり共感できませんでした。

哲学者　実は、そういう心の動きも、トマスの感情論にはあるのです。それは、いま説明している「欲望的な感情」ではなく、困難に関わる「気概的な感情」のうちに含まれています。「欲望的な感情」についての話は一通りお話ししましたので、「気概的な感情」についての説明に進んでいきましょうか。

「善い感情」と「悪い感情」

学生　はい、「気概的な感情」についてもぜひ聞きたいと思っています。でも、その前に、一点、確認しておきたいことがあります。先生は、いつも「善に関わる感情」とか「悪に関わる感情」というような、なんだか持って回った表現をしていますが、もっと端的に、「善い感情」「悪い感情」と言ってはいけないのですか。そのほうがわかりやすいと思うのですが。

哲学者　ああ、その点についての説明が必要でしたね。実は、「善い感情」と「善に関わる感情」というのは、全く違う概念なのです。「善に関わる感情」のなかにも「善い感情」と「悪い感情」があるし、「悪に関わる感情」のなかにも「善い感情」と「悪い感情」があるのです。

学生　ええと、なんだかこんがらがってきました。

哲学者　そうですね。少し複雑な話になってしまったので、解きほぐすために、感情の善悪についての基本的な話から始めていきましょう。

学生　よろしくお願いします。

哲学者　トマスは、『神学大全』第二部の第一部第二四問題第二項において、「あらゆる感情は道徳的に悪いものであるか」という問いを立てて論じています。

学生　「善」には「道徳的善」「快楽的善」「有用的善」の三種類があるということでしたが、「道徳的に悪い」という言い方をしているということは、ここでは道徳的な善悪の話をしているという理解でよろしいでしょうか。

哲学者　はい、そのとおりです。それから、注目すべきなのは、ここでの問いの立て方です。「あらゆる感情は道徳的に悪いものであるか」という問いになっていて、「あらゆる感情は道徳的に善いものであるか」という問いにはなっていないですね。

学生　それは、どちらの問いでもたいした違いはないのではないですか。

哲学者　まあ、そうかもしれませんが、哲学の歴史を少し知ると、私がこの点にこだわる理由がわかってくると思います。幸いなことに、トマス自身がこの項で哲学の歴史に少し触れながら説明していますので、さっそくトマスの言っていることを見てみましょう。

学生　トマスの考えだけではなく、トマス以前の哲学についても知りたいと思っていましたので、ぜひお願いします。

ペリパトス派とストア派

哲学者　トマスは、この項の主文の冒頭において、次のように言っています。

　この問題については、ストア派の人々とペリパトス派の人々の見解は異なるものであった。というのも、すべての感情は悪いものだとストア派の人々は述べていたが、ペリパトス派の人々は、節度づけられた感情は善いものだと述べていたからである。

　ストア派は、紀元前三〇〇年頃にギリシアのキュプロス島出身のゼノン（前三三五頃〜二六三頃）が創始した学派です。ゼノンがアテナイのストア・ポイキレ（彩色柱廊）で教えたので、「ストア派」と呼ばれるようになりました。他方、ペリパトス派というのは、同じく古代ギリシアの哲学者アリストテレスに由来する学派のことです。こちらは、アリストテレスが自らの創設したリュケイオンという学校のペリパトス（回廊）を散歩しながら弟子たちと語り合ったことに由来しています。
　アリストテレスは紀元前の人物ですから、もともとキリスト教と直接的な関係はありません。周知のとおり、西暦の「紀元」というのは、イエス・キリストが生まれたとされる年を元年としているわけですから。
　ですが、トマスは、非常に強くアリストテレスの影響を受けており、『ニコマコス倫理学』『形而上学』『霊魂論』といったアリストテレスの著作について詳細な註解書を書いています。感情論に関しても、トマスはアリストテレスから大きな影響を受けており、この一節で、自らの見解に近いアリストテレス学派の見解と、ストア派の見解とを対比させているわけです。

学生　同じ哲学者でも、随分と違う考え方をするのですね。ストア派とペリパトス派の見解は、ほぼ正反対じゃないですか。

哲学者　この部分だけを読むと、そういう印象を受けますよね。でも、続きを読むと必ずしもそうではないのです。トマスは続けて、両者の相違は、言葉だけを見ると大きく見えるが、それぞれの意図を考察してみるならば、事柄のうえでは小さなものだと述べているのです。

学生　言葉のうえだけの違いというようには聞こえませんでしたが。

哲学者　もう少し詳しく説明してみましょう。トマスによると、ストア派は、人間の心の動きのなかで理性の境界を超え出てしまうもの、すなわち理性的な在り方に反してしまうものを「感情」と呼んでいました。つまり、ストア派の場合、定義上、「感情」というものは善いものではありえないわけです。ストア派は、「賢者」になることを目指していましたが、彼らにとって「賢者」とは、「感情」に揺り動かされることのない存在でした。そのような状態のことを、彼らは「アパテイア（不動心）」と呼んでいました。

学生　「禁欲的」という意味でよく使われる「ストイック」という言葉はもともとストア派に由来すると聞いたことがありますが、ストア派が感情や欲望を善からぬものとみなすことと関係あるのですね。

哲学者　そうですね。英語では、大文字でStoicと書けば「ストア派」を意味し、小文字でstoicと書けば「禁欲的な」という意味の形容詞になるわけです。

学生　なるほど。ペリパトス派の感情についての考え方はどのようなものですか。

哲学者　トマスはペリパトス派の考えについては次のようにまとめています。ペリパトス派は、「感覚的な欲求能力」の運動のすべてを「感情」と呼んでいる。そして、それぞれの感情が理性によって節度づけられていれば善いものであり、理性による節度づけから外れていれば悪い感情であると。こちらの言葉遣いのほうが常識的な感じですね。

学生　感情が理性によって節度づけられるというのはどういう意味ですか。もう少し具体的に説明していただけるとわかりやすいと思うのですが。

哲学者　より具体的に言うと、然るべき対象に対して、然るべき時に、然るべき程度に、然るべき仕方で抱かれる感情は善い感情だという仕方で、トマスはペリパトス派の立場をまとめています。

「愛」にも様々な「愛」がある

学生　まだまだ抽象的な感じでわかりにくいですね。

哲学者　たとえば、「愛」という感情について考えてみましょう。「愛」と「憎しみ」という対《つい》で見れば、「愛」という感情は好ましい感情だというイメージがありますね。普通、人は「愛」に満ちた人生を送りたいと思い、「憎しみ」に満ちた人生を送りたいとは思わないですから。一般的な次元で言えば、「愛」というのは肯定的な感情で、抱きたい感情であり、「憎しみ」というのは否定的な感情で、あまり抱きたくない感情だと言えます。

ですが、個別的に見れば、「愛」と言ってもいろんな「愛」があります。たとえば、「不倫の愛」は、文字通り、倫理的に善からぬ愛なわけですね。ほかにも、「他人の物を破壊することへの愛」「同級生をいじめることに対する愛」などなど、様々な「愛」があります。これらは、愛する対象が「然るべき対象」ではないわけです。

また、「然るべき対象」を愛していても、ふさわしい愛と言えるとは限らないですね。たとえば、自分の子供を愛しているという場合にも、いわゆる「溺愛」のようなことがあるわけです。周りが見えなくなってしまうような仕方でむやみに愛しすぎてしまう、それはやはり好ましい愛と言えないわけです。

「不倫の愛」の構造

学生　「愛」という感情が一概に善い感情だと言えないということはよくわかりました。でも、今の説明のなかには、これまでの先生の説明と矛盾するところがあるのではないですか。

哲学者　あれ、そうですか。

学生　だって、先生は、「愛」は「善」を対象にする感情だと言っていましたが、いま例に出てきた「不倫の愛」の場合には、愛する対象が「然るべき対象」ではないと言っていましたよね。「然るべき対象」でないというのは、悪い対象だという意味ですよね？　そうであれば、「不倫の愛」の場合には、「愛」と言っても、悪を対象としているということになるじゃないですか。

哲学者　なるほど。そういう意味ですか。それは大事な論点ですね。でも、不倫に走っている人は、「悪」を愛しているわけではないのです。不倫相手の魅力を愛しているわけです。たとえば、不倫相手との交際によって得られる性的な快楽という「善」を愛していたりするわけですね。または、自分の配偶者との関係では得ることのできない精神的な満足という「善」を求めているのかもしれません。

学生　そうだとしたら、「不倫」はべつに悪くないということになりませんか。

哲学者　いえ、そういうことではないのです。倫理的に悪い在り方をしている人は、もともと「悪」を目指そうとしているのではありません。そうではなくて、本人にとっては何らかの意味で「善」に見えるものを目指そうとしているのです。「性的な快楽」とか「精神的な満足」という「善」ですね。でも、そうした「善」を目指すなかで、大切にしなければならない別の「善」を蔑《ないがし》ろにしてしまうのです。「不倫」の場合であれば、自らの、または不倫相手の、もしくは双方のすでに成立している婚姻関係という「善」を蔑ろにしているわけですね。

学生　なるほど。なんとなくわかってきた感じがします。では、もう一つの「憎しみ」のほうはどうなのですか。善い憎しみなんてあるのですか。

哲学者　たとえば、「不正を憎む」というのは、典型的な例になりますね。

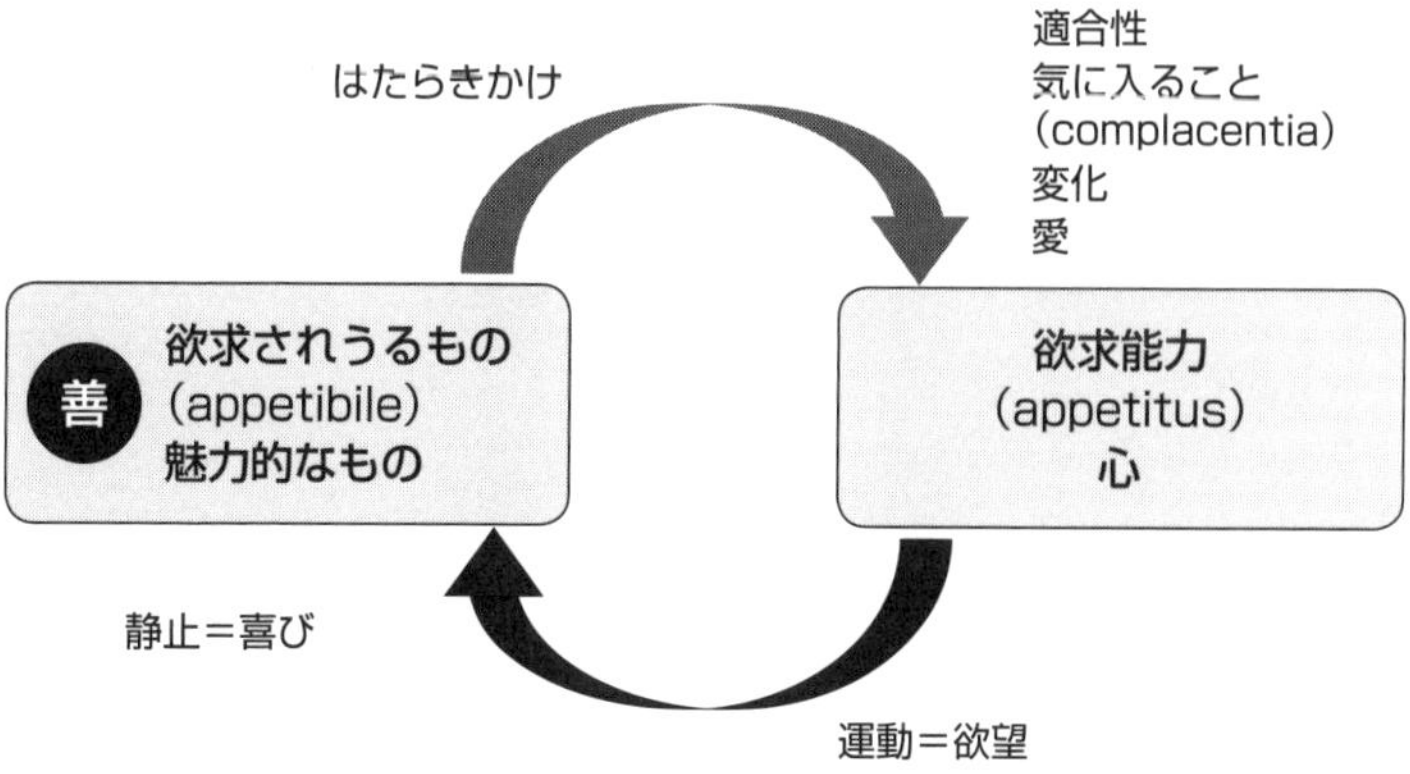

「愛」の成立構造(改訂版)

学生　ああ、たしかに。

哲学者　そして、「不正を憎む」場合であっても、あまりにも憎みすぎて、心が憎しみで一杯になり、精神の平衡が失われてしまうようなことがあったりすれば、善い憎しみとは言えないことになります。この場合、憎しみの対象が「然るべき対象」でないというより、度合いが「然るべき程度」に保たれていないという点が問題なのです。

「欲望」は能動的か受動的か

学生　「善」を対象にする「愛」にも「善い愛」と「悪い愛」があり、「悪」を対象にする「憎しみ」にも「善い憎しみ」と「悪い憎しみ」があるという点についてはよくわかりました。

もう一つ別の質問があるのですが、よろしいでしょうか。

哲学者　はい、もちろんです。

学生　先生が前回、解説してくださった「「愛」の成立構造」の図は、今日の話とも深く関係してくると思うのですが、「愛の二面性」（七七頁）に関して疑問があるのです。

哲学者　どのような疑問でしょうか。

学生　「愛は、受動的に生まれながら能動的な行為の原動力になる」と先生はおっしゃっていました。

哲学者　そのとおりです。

学生　その話自体はとてもよくわかったのですが、腑《ふ》に落ちない点が一点あるのです。「能動的な行為の原動力になる」と言うさいの「能動的な行為」というのは、図の下の矢印のことを意味しているんですよね？　つまり、「欲望」という「感情」のことを。でも、他方、先生によると、「感情」の原語はpassio《パッシオ》で、この言葉は「受動」という意味でもあるわけです。そうすると、「欲望」という「感情」も、当然、受動的なものでなければならないと思うのです。いったい、「欲望」というものは、能動的なものなのですか、受動的なものなのですか。

古典を読解することの困難

哲学者　ああ、それはとても重要な質問ですね。前回読んでいただいた次のテクストが、鍵になると思います。

欲求されうるものによる欲求能力の第一の変化が愛と呼ばれる。愛とは、欲求されうるものが気に入ることにほかならないのである。そして、この気に入ることから、欲求されうるものへの運動が続いて生じる。これが欲望である。そして最後に静止であり、これが喜びである。

学生　はい、このテクストはとてもよく覚えています。

哲学者　私がこれを説明するさいに、実は、少しごまかしたというか、はっきりと説明しなかった点があるのです。

学生　えっ、そうだったのですか。

哲学者　はい。哲学の古典を丁寧に読むというのは、けっこう大変な作業で、何十年も読んでいる専門家でも、よくわからない点がたくさんあるものなのです。専門の近い同業の人たちと読書会などを開いても、一～二ページのテクストに関して何時間も議論して、結局わからない箇所が多数残ることもあります。というか、むしろそのほうが多いのです。

学生　そんなものなのですか。

哲学者　ええ。そして、いま問題にしようとしているテクストに関して言うと、私がずっとよくわからないなと思っているのは、「第一の変化」と言われている点です。「第一の変化」が「愛」と呼ばれるというのであれば、話の自然な流れとして、「第二の変化」や「第三の変化」が出てきて然るべきではないかと思うのですが、前後を含めてどれだけ読んでも、そういう言葉は出てこないのです。

学生　それなら、トマスがなんとなく書いてしまっただけで、「第一の」という言葉は本当は必要ないというか、あまり深い意味はないのではないでしょうか。

哲学者　そのように理解するのも、一つの解釈ですね。でも、実際に書かれてある言葉を、「本当は必要ない」とか「なんとなく書いてしまっただけ」「あまり深い意味はない」と理解するのは、どうしてもわからない場合の、できるだけ避けたほうがいい最終手段です。古典を丁寧に読むための正攻法とは言えません。

「第一の変化」の謎解き

学生　では、どのように解釈すればよいのでしょう。

哲学者　トマスが明言していない以上、絶対にそうだとまでは言えませんが、この箇所の流れとトマスの感情論の全体を踏まえれば、私は、トマスはここで、「第二の変化」や「第三の変化」についても述べているのだと理解しています。

学生　というと、「第二の変化」や「第三の変化」とは何なのでしょうか。

哲学者　それは、「欲求されうるものへの運動」＝「欲望」が「第二の変化」にあたり、「静止」＝「喜び」が「第三の変化」にあたると私は解釈しています。

学生　そう理解することによって、何か新たに見えてくることがあるのですか。

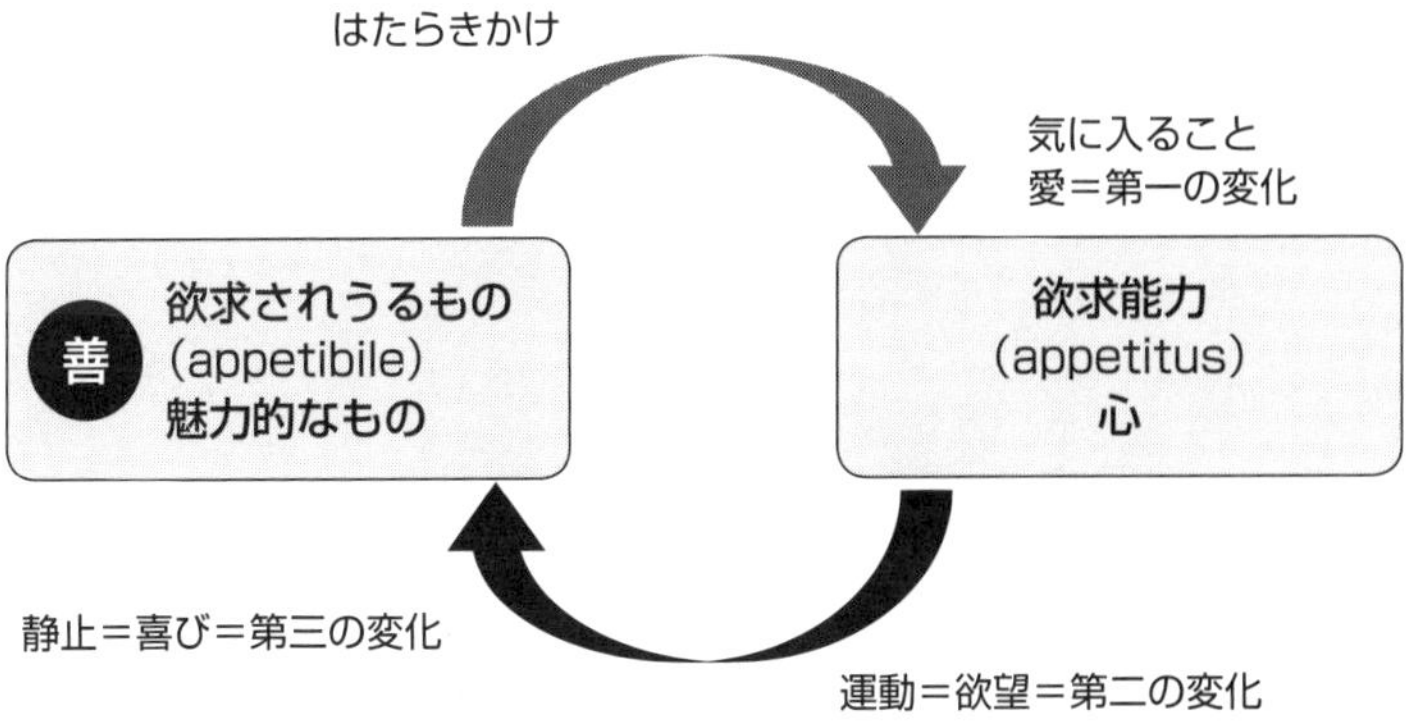

三つの「変化」

哲学者　あります。「愛」という感情は、人間の「欲求能力」すなわち心が「欲求されうるもの」によって被《こうむ》る「第一の変化」だとトマスは述べているわけです。ここまでは、トマスのテクストどおりなので、間違いないですよね。

ここで、さきほど君が提案したように、この「第一の」という言葉にあまり重きを置かないで理解すると、「欲求されうるものによる欲求能力の変化が愛と呼ばれる」となります。このように読むと、「愛」のみが、「欲求されうるもの」によってもたらされる心の「変化」だということになると思います。

他方、「第一の」という言葉に重きを置いて理解すると――すなわち「第二の変化」や「第三の変化」もあると理解すると――以前から使っている「「愛」の成立構造」の図についても、説明の力点の置き方が、少し変わってくると思うのです。

学生　どのように変わるのでしょうか。

「欲望」の受動性

哲学者　「「愛」の成立構造」の図を見るかぎりでは、受動的な仕方で生まれてくる感情は「愛」だけであって、「欲望」という心の動きは、なんとかして「欲求されうるもの」を手に入れてやろうと頑張る能動的な動きであるように見えますね。そして、「喜び」というのも「静止」という観点だけから考えると、動きがないわけですから、「能動」でもなければ「受動」でもないというイメージです。

でも、もし「欲求されうるものへの運動」＝「欲望」＝「第二の変化」、そして「静止」＝「喜び」＝「第三の変化」と理解するとすれば、話は変わってきます。というのも、「愛」だけではなく、「欲望」や「喜び」もまた、「欲求されうるもの」から被る「変化」だということになるからです。

学生　「欲望」と「喜び」も「変化」だと捉えると、何かいいことがあるのですか。

哲学者　はい、「欲求されうるもの」＝「善」と心との関係を新たな角度から捉え直すことができるようになるのです。

学生　これまでの説明は不正確だったということですか。

哲学者　いいえ、必ずしもそういうことではありません。これまでとは少し違う角度から事柄を見直してみることによって、より立体的に事柄の深層が見えてくるのではないかという話なのです。

学生　説明をお願いします。

哲学者　「欲求されうるものへの運動」＝「欲望」＝「第二の変化」という点から話を始めてみましょう。たとえば、私が大学時代に受けた講義のなかでトマスのテクストに出会って、トマスに対する「愛」を抱くようになったという例で考えてみましょうか。

トマスのテクストの魅力に心を打たれて、好感を抱き、心のなかにトマス哲学の魅力が植え付けられ、「愛」を抱いた私は、本屋に行くなり図書館に行くなりして、トマスの書いたテクストを少しでも多く手に入れようとするわけですね。トマスのテクストが好きになると、私は、トマスのテクストを少しでも多く手に入れたいという「欲望」を抱き、いろいろと能動的に努力するわけです。これが今まで私がしてきた説明の仕方ですね。

学生　そうでした。

哲学者　でも、この「欲望」もまた「欲求されうるもの」から受ける「変化」だという方向を加味して理解し直すとしたらどうなるでしょうか。もっと単純に言えば、「欲望」を抱くというのも一種の「受動」だと理解したらどうなるかという話です。そうすると、私は、トマスのテクストの魅力に受動的に引き寄せられるような仕方で「欲望」を抱くわけです。このように考えると、一見能動的に見える図の下の矢印もまた、受動的な側面の強い話だということになります。

学生　なるほど。「欲望」もまた「欲求されうるもの」のはたらきかけによって被る「受動」であり、「第二の変化」と呼びうると……。でも、そもそも今の先生の解釈は、「欲望」と「喜び」もまた「欲求されうるもの」から被る「変化」だとトマスは考えているのだという仮定に基づいた話であって、明確な根拠があるわけではないのですよね？

哲学者　さきほどから言っているように、トマスは、このテクストのなかでは、「愛」が「第一の変化」だと言っているだけで、「欲望」と「喜び」が「第二の変化」「第三の変化」だと明言しているわけではありません。ですが、「第一の変化」がある以上、「第二の変化」「第三の変化」もあると考えるほうが自然でしょう。

しかも、トマスの感情論の根本的な前提に立ち戻って考えてみると、私の理解の仕方は無理がないどころか、むしろ、極めて自然なものだとも言えます。というのも、すでにお話ししたとおり、「感情（passio《パッシオ》）」は受動的なものだというのがトマスの感情論の大前提なので、その意味では、この箇所に関して「第二の変化」「第三の変化」が示唆されていると解釈するべきか否かということは措《お》くとしても、「欲望」と「喜び」もまた「感情（passio）」の一つである限りにおいて、受動的（passive《パッシブ》）なものだと解釈するのは、トマス解釈として、極めて正攻法だと私は思います。

共同作業としての「欲望」

学生　それはそのとおりだと思います。

哲学者　それに、能動的か受動的かということに私がこだわっているのには、他にちゃんと理由があります。

学生　どういう理由でしょうか。

哲学者　「欲望」は、単に私の心が一方的に抱くようなものではなく、「欲望」の対象との共同作業だということが、より浮き彫りになってくると思うからです。

学生　「共同作業」とは、どういうことですか。

哲学者　人間が「欲望」を抱くのは、自分で抱こうと思いさえすれば抱けるという意味で完全に能動的なものでもなければ、魅力的な対象が現れたら必然的にそれを欲してしまうという意味で完全に受動的なものでもない。いわば「共同作業」のごとく、「欲求されうるもの」の魅力に引き寄せられるような仕方で、私自身が「欲望」を抱く主体となって向かっていくというようなイメージです。

学生　たしかに、完全に受動的なものと捉えるよりも、正確で奥行きのある見方かもしれません。そういう「共同作業」という側面は、他の感情にもあるのですか。

哲学者　はい。すべての感情の根底にある愛自体が、そういう側面を有しているのです。

学生　「喜び」についてはどうですか。

哲学者　「喜び」についても同様です。「喜びを抱くぞ！」といくら前向きに意気込んでいても、それだけで、「喜び」という心の動きが生まれてくることはないですよね。「喜び」を与えてくれる何らかのものに出会うことと、そのものによって実際に心を動かされることが必要なわけです。一方で、「喜び」を与えてくれる可能性のあるものが眼の前に存在していても、そのものの善さに私の心が開かれていなければ、実際に「喜び」を感じ取ることはできない。「喜び」というのも、私と外界の事物や出来事との共同作業なのです。単純に「能動的」か「受動的」かと二分することができないような仕方で、私たちの心の動きは存在しているのです。

学生　なるほど。なんとなくわかったような気がしますが、今日はいろいろと質問をしてしまったせいで、「気概的な感情」については聞きそびれてしまいました。まだ質問をしたいこともあるので、また来週、同じ時間に来てもよいでしょうか。

哲学者　わかりました。またお待ちしています。

第四章　感情の分類(二)——気概的な感情

「気概的な感情」の分類

学生　今日はまず、前回聞きそびれた「気概的な感情」についての話を聞かせてください。

哲学者　そうでしたね。例によって、お渡ししたプリントのなかにある「気概的な感情の分類」という表を見てください。

学生　どれも、すでに聞いたことのある感情ですね。

哲学者　「気概的な感情」は、「希望」「絶望」「大胆」「恐れ」、そして「怒り」の全部で五種類あるのですが、そのうちの「希望」「絶望」「恐れ」は「希望」についての話で少し詳しく触れましたね。

学生　はい。「希望」と「絶望」がいかに近い感情かというのも面白かったですが、「絶望」の対

	未来の困難な善	未来の困難な悪
接近	希望	大胆
後退	絶望	恐れ

「怒り」は、すでに現在のものとなっている「困難な悪」に関わる。

気概的な感情の分類

象は善だが「恐れ」の対象は悪だという分析も、とても鮮やかで、よく記憶に残っています。

哲学者　とても正確に理解してくれているようですね。この表に基づいて、あらためて説明し直してみましょう。

学生　よろしくお願いします。

哲学者　気概的な感情は、困難があるときに出てくる感情です。困難があるときには、どうしても人間の心は強く揺り動かされやすくなります。そうした心の動きが、「気概的な感情」という形でまとめて取り扱われているわけです。

学生　前回の「欲望的な感情」は、「困難」の有無とは関係なく出てくる感情という話でした。それに対して、今回の「気概的な感情」は、「困難」のあるときに出てくる感情だという区別は一見わかりやすそうですが、実はちょっと混乱しています。

哲学者　どうしてですか？

学生　「欲望的な感情」のところでも、「悪」に関わるものとして、「憎しみ」「忌避」「悲しみ」という感情の話が出てきましたよね。「悪」と「困難」というのは、同じようなものではないのですか。

哲学者　なるほど、そういう意味ですか。たしかに、一見そう思われるかもしれません。ですが、実は「悪」は、「困難」とは全く別のものです。「困難を伴わない悪」なんていくらでもありますから。

学生 具体例を挙げてください。

哲学者 たとえば、君に何か嫌いな匂いがあるとしましょう。そして、道を歩いていたら、ふと前からその嫌いな匂いがただよってきたとします。そしたら、君はその匂いを回避しようとして、回り道をしたりするわけですね。この事例で考えてみて、その「嫌いな匂い」は君にとって「悪」なわけですが、「困難」ということは特にないですよね。「悪」と言うと、私たちは自ずと「厄介な悪」のことを思い浮かべがちなのですが、実はそんなことはなく、容易に避けることができるものも多いし、実際に普段はなるべく避けて過ごしているわけです。トマス自身はそういう言い方はしないのですが、これを「容易な悪」と名づけることができるかもしれないですね。

「容易な善」と「困難な善」

学生 なるほど、よくわかりました。「容易な悪」があるのであれば、「容易な善」もあるのでしょうか。

哲学者 はい。「善」についても、トマス自身は「容易な善」という言い方はしませんが、そういう善はありえます。いや、ありえるどころか、この世界はそういう善に満ち溢《あふ》れているとすら言えるかもしれません。

学生　そうなのですか？

哲学者　たとえば、いま私たちがこうして面談することができているのは、ここに「椅子」という「善」があり、「机」という「善」があり、「蛍光灯」という「善」があり、また、「コピー用紙」という「善」があるからですね。

学生　なるほど。「善」というと、もう少し高尚なものを想像してしまいますが、これまでのトマスの用法によれば、確かにそうなりますね。

哲学者　そうです。価値のあるものはすべて「善」と言えるわけです。最初に説明したとおり、「善」は、トマスの使っているラテン語ではbonum《ボヌム》という単語です。この単語は、少し抽象的な感じのする「善」という日本語に訳すことも可能ですし、もう少し具体的な感じのする「善いもの」と訳すことも可能です。「椅子っていうのはいいものだね」「机っていうのはいいものだね」というくらいの言い方をすれば、「椅子」という「善」があり、「机」という「善」があるという話も、少しわかりやすくなるかもしれません。

学生　そうすると、ほとんどあらゆるものが「善」だということになってしまいそうですね。

哲学者　はい。私たちの日常生活は、実に多くの「善」に支えられることによって初めて可能になっているのです。しかも、そのうちの多くのものは、特に入手が困難であるわけではない「容易な善」なのです。

学生　では、逆に「困難な善」にはどのようなものがあるのですか。

哲学者　何が「困難な善」で、何が「容易な善」かということは、一概に決められるものではありません。

学生　そうなのですか？

哲学者　誰がいつどういう状況に置かれているかということによって、何が「困難な善」かということは変わってくるのです。たとえば、「水」は、私たちの日常生活が成り立つために不可欠な「善」ですね。そして、現代の先進国においては、住まいの蛇口をひねれば簡単に入手することができるわけですから、「困難な善」ではありません。ですが、ある時代、ある地域に住む人たちにとっては、安定的に入手することの難しい「困難な善」となります。我々にとっても、大災害が起きたり、戦争が起きたり、疫病が蔓延したりして、水道というインフラが破壊されてしまったら、水は「困難な善」になるわけです。

学生　でも、何が「困難な善」なのかということすらそんなに流動的なのでしたら、やはり、感情というものも流動的なものであって、「感情の論理学」などといった確固とした理論を構築したりはできないのではないでしょうか。

哲学者　何が困難な善なのかを具体的なレベルで定義しようとすれば、そうなってしまうかもしれませんが、もう少し抽象度の高いレベルで理論を考えれば、問題なく「感情の論理学」を構築することができます。というより、前にも申し上げたとおり、主観的な側面をも重視するのが「感情の論理学」ですから、同じ「水」でも状況次第で「困難な善」になったりならなかったりするということを織り込んだ理論を構築する必要があるのです。

学生　わかりました。

「希望」と「絶望」

哲学者　それでは、「気概的な感情の分類」の表（一〇八頁）に基づいて、「気概的な感情」についての話を始めていきましょう。最初にお会いした日に、「希望」と「絶望」の話はすでにしましたが、あらためてこの表を見ながらお話ししてみましょう。復習ですが、希望の対象の四条件はどのようなものでしたか。

学生　何かが希望の対象になるための四条件は、「善であること」「未来のものであること」「獲得困難なものであること」「獲得可能なものであること」でした。

哲学者　そのとおりです。いま見ている表では、その第一条件、第二条件、第三条件が一つにまとめられて、「未来の困難な善」となっています。そして、その「未来の困難な善」に接近していくか後退するかによって、「希望」と「絶望」という感情の相違が出てくるという分類になっているわけです。

学生　たとえ困難があっても「未来の善」へと向かって接近していこうとする前向きな心の動きが「希望」であり、それに対して、困難に意気阻喪してしまって「未来の善」から退いてしまう後ろ向きな心の動きが「絶望」ということですね。

哲学者　だいたいそういう理解でいいと思います。

「善い絶望」は存在するか

学生　前回、「愛」と言っても一概に善いものとは言えず、「善い愛」と「悪い愛」とに分類して考える必要があるという話がありましたが、「希望」の場合は、常に善いものと考えて大丈夫でしょうか。逆に言えば、「絶望」は常に悪いものだという理解でいいのですよね？

というのも、先生がトマスの哲学を「肯定の哲学」と呼んでいるのは、「希望」のような前向きでポジティブな感情を常に抱けるように、という思いが込められているからではないかと……。

哲学者　そのように捉えられると、私が考えている「肯定の哲学」とは、かなり違うものになってしまうと思います。いわゆる「ポジティブ・シンキング」や「ポジティブ心理学」のなかには、いま君がまとめてくれたような仕方で前向きでポジティブな心の在り方へと導くようなものもあるようですが、「肯定の哲学」はそのようなものではありません。

学生　でも、「絶望」を抱くことを推奨するわけではないのですよね？

哲学者　もちろん、推奨することはありません。ですが、「絶望」を抱いて然るべき状況というのは存在すると考えます。

学生　たとえば、どういう状況ですか。

哲学者　「希望」のときの例をもう一度使ってみましょうか。「難関大学に行きたい」という「欲望」を持っている高校生の話です。この高校生が、高校三年の年末に模試を受けたところ、E判定だったとしましょう。この模試の結果に直面して、まあなんとかなるだろうなという「希望」

が生まれてきたとしたら、どうでしょうか。

学生　随分とおめでたい人だなと思います。

哲学者　そうですよね。厳しい状況に直面しているのに危機感が薄いなと思うはずです。それは最も危険なことと言ってもいいかもしれません。この結果をもっと真摯《しんし》に受けとめれば、普通ならその年度の合格に絶望しますよね。

学生　なるほど、それが「善い絶望」だとおっしゃりたいわけですか。

哲学者　状況を的確に認識していれば、自ずと絶望することになると思います。

「然るべき程度」の絶望

学生　今の話を裏返せば、「悪い希望」と言うべきものも存在するということですね。過度の楽観主義によって現実の厳しさから目を背けるのはよくないですし、心理学の本でも、全く不安を抱かないよりも、適度な不安を抱くほうが人間心理として健康な在り方なんだというような話を読んだことがあります。

ですが、「善い絶望」があるというのはなんだか引っ掛かります。「状況を的確に認識していれば、自ずと絶望することになる」と先生はおっしゃいますが、それは単なる心の自然現象のようなものに過ぎないのであって、別に善いことでもなければ悪いことでもないのではないでしょうか。

哲学者　自分の置かれている危機的な状況を的確に認識し、適切に絶望することによって、志望校を変更するなり、入試までに残された短い時間の過ごし方を改善することもできるかもしれません。家庭に経済的な余裕があれば、家庭教師をつけて苦手科目を徹底的に鍛えて、少しでも合格の可能性を高めることも可能かもしれないわけです。

学生　でも、これから受験だというときに、絶望感を抱いて鬱《うつ》状態にでもなってしまったら、うまくいく可能性がますます低くなってしまうのではないでしょうか。やはり、「善い絶望」などというのは、おかしな話だと思います。

哲学者　それは、その絶望が「然るべき程度」の絶望ではないからです。「絶望しすぎ」と言ってもいいかもしれません。

学生　そんなことを言っても、どのくらいの絶望が「然るべき程度」なのかは難しい問題ですし、そもそも感情なんてそんな思いどおりになるものではないように思います。

哲学者　もちろん、思いどおりにはなりません。ただ、ここで注意しなければならないのは、ゼロか百かの極端な思考に陥らないことです。「完全に思いどおりになる」と「全く思いどおりにならない」という両極のあいだには、その中間的な状態が何段階もあるわけですね。思いどおりにはならない感情の動きが極端なものにならないように、ある程度適切にコントロールしていく力を人間は身につけていくことができるとトマスは考えているのです。

「大胆」と「恐れ」

学生　なんだか理想論のような感じもしますが、この話ばかりしていると、また「気概的な感情」の全体像についての話を聞きそびれそうなので、残りの「気概的な感情」について教えてください。

哲学者　たしかに、何かを学ぶためには、事柄の全体像を知ることと、細部にこだわって掘り下げて考えていくことの両面が必要です。私との会話は、君が自分で考えを深めていくためのきっかけになればよいのであって、すべての点において同意したり、どちらの考えが正しいのかすぐに結論を出したりする必要はありません。とにかく、先に進みましょう。

では、もう一度、「気概的な感情の分類」の表を見てください。困難な対象に関わる「気概的な感情」には、「希望と絶望」という一対の感情のほかに、「大胆と恐れ」というもう一対の感情があります。

「希望と絶望」が「未来の困難な善」に関わる感情であるのに対し、「大胆と恐れ」は「未来の困難な悪」に関わる感情です。そして、「未来の困難な悪」に接近するか後退するかによって、「大胆」と「恐れ」が分けられるのです。

学生　いつも同じようなお願いをしていますが、具体例を出して説明していただけないでしょうか。

哲学者　「大胆」や「恐れ」についてのトマスの見解は、アリストテレスに由来する側面が強いのですが、アリストテレスは、これらの感情について考察するさいに、「戦闘」という場面を典型的な例として挙げていますので、私たちもそれに基づいて考えてみましょう。

学生　わかりました。

哲学者　「大胆と恐れ」は「未来の困難な悪」に関わる感情だと言いましたが、実はそれは少し不正確であって、以前も説明したとおり、「差し迫った未来の困難な悪」のみが、「恐れ」や「大胆」という感情を呼び起こすのです。

学生　ああ、一回目の面談で、遠い将来にいつかは死ぬとわかっていても、普通は毎日それを恐れたりはしないというような話をされていましたよね。

哲学者　そうです。その意味で、差し迫った戦闘という場面は、「大胆」や「恐れ」について説明するためにうってつけの場面ということになるわけです。

「勇気」のブレーキとアクセル

学生　戦闘シーンを思い浮かべれば、「差し迫った未来の困難な悪」から「恐れ」が生じるというのはわかりやすい話です。むしろ、もう一つの「大胆」という感情が引っ掛かります。「差し迫った未来の困難な悪」、たとえば自らの命を狙っている敵にひるんで、後退するのが「恐れ」だとすれば、恐れずに前進して敵と対決するのが「大胆」ですよね。「恐れ」が感情の揺れ動きだというのはわかりやすいですが、「大胆」というのは単に「恐れ」という感情を抱かないということにすぎないのではないでしょうか。もしもそうだとしたら、「大胆」は感情ではなく、むしろ感情的にならずに冷静に立ち向かっていく態度という感じがするのですが。

哲学者　なるほど。そのように捉えたくなる気持ちはわからないこともないですが、トマスの考えはそれとは違います。

お渡ししている資料のなかにある、『神学大全』第二部の第二部第一二三問題第三項「勇気は恐れと大胆に関わるものであるか」を見てください。この項において、トマスは、反対異論で「勇気は恐れと大胆に関わるものである」というアリストテレスの言葉を引用しています。アリストテレスが「恐れ」と「大胆」という「感情」について詳しく論じているのは、『ニコマコス倫理学』で「勇気」という「徳」について言及している文脈においてです。「徳」についてはほど説明することにして、まずは「主文」を読んでみましょう。

勇気は、主に、理性に従うことから意志を引き離す可能性のある困難な物事に対する恐れに関わる。だが、恐れを抑えることによって、こうした困難な物事による圧迫を確固とした仕方で耐え忍ぶことが必要なだけではなく、未来における安全を確保するためにその困難な物事を追い払わなければならないときには、それを適度に（moderate《モデラーテー》）攻撃する必要があるのであり、このことが大胆の特質に属しているのである。それゆえ、勇気は恐れと大胆に関わるが、それは、いわば恐れを抑え、大胆を適度に保つものとしてなのである。

いま読んだテクストからわかるのは、「大胆」は、単に恐れずに冷静に――つまり感情によって心を揺り動かされずに――困難な悪に立ち向かっていくのとは異なる心の動きだということです。いわば、発奮して対象に向かっていく態度なのです。そして、発奮しすぎるということも、人間には起こりえます。「向こう見ず」な人というのが世の中にはいますよね。だからこそ、トマスは、困難な物事を「適度に攻撃する必要がある」と言っているわけです。たとえば、自らよりも強い敵を不意打ちで追い払うけれども、それ以上は深追いせずに、自らの態勢を立て直すことに力を注ぐ、といったたぐいのことですね。発奮しなければ強大な敵に立ち向かっていくことはできませんが、発奮しすぎるとかえってうまくいかなくなるわけです。

「差し迫った未来の困難な悪」に直面したときに、人は「恐れ」を抱きすぎることもあれば、発奮しすぎて冷静に事態に対処することができなくなってしまうこともあります。「大胆」の過剰と言ってもいいかもしれません。そして、トマスによると、「恐れ」はさほど抱かないが、かといって「大胆」にもならない人も存在します。いずれの感情も強くないというケースですね。他方、「恐れ」を強く抱く人は、必ず「大胆」が欠如してしまうともトマスは述べています。

　これは、車のブレーキとアクセルの関係のようなものだと考えるとわかりやすいかもしれません。「大胆」がアクセルで「恐れ」がブレーキですね。ブレーキを踏んではいないがアクセルも踏んでいないので全然動かないという状態が、「恐れ」は抱かないが「大胆」にもならないというケースにあたります。他方、ブレーキを踏んだままだと、いくらアクセルを踏んでも車は動きません。これが、「恐れ」を強く抱く人は必ず「大胆」が欠如してしまうという状態にあたるわけです。このように、「恐れ」と「大胆」という相反する方向性を持った二つの感情を上手にコントロールできる力こそ、「勇気」という「徳」にほかならないのです。

「徳」とは何か

学生　「徳」という言葉は今回初めて出てきましたが、重要な概念なのですか。

哲学者　はい、トマスの倫理学の中心概念の一つになります。もともとは、プラトンやアリストテレスなどの古代ギリシアの哲学者に由来する概念です。トマスの場合には、アリストテレスの『ニコマコス倫理学』の影響が強いものになっています。『ニコマコス倫理学』は、「倫理学」という学問を史上初めて体系化した書物ですが、様々な「徳」についての詳しい説明が為されているのです。

学生　「感情」は、毎日感じているものなので身近ですが、「徳」と言われても、あまり馴染みがない感じがしてしまいます。「徳」について、もう少しお聞きしてもよろしいでしょうか。

哲学者　そうですね。まだ少し時間がありますから、「徳」の話をしてから、最後に「気概的な感情」でただ一つ残っている「怒り」について説明することにしましょう。

学生　ぜひ、その流れでお願いします。

哲学者　「徳」と訳している単語は、ラテン語で virtus《ヴィルトゥース》と言います。英語の virtue《ヴァーチュー》の語源に当たる言葉ですね。この言葉は、「徳」と訳すこともできますが、「力」と訳すこともできます。

賢慮（prudentia）	・一つ一つの状況を的確に判断する「力」
正義（iustitia）	・他者や共同体に適切に関わる「力」
勇気（fortitudo）	・困難な悪に立ち向かう「力」
節制（temperantia）	・欲望をコントロールする「力」

枢要徳

「徳」という言葉は現代の日常生活のなかであまり使わないですし、「こういう徳目を身につけなさい」と上から指図されるような少し押しつけがましい印象を持つかもしれませんが、本来はそういうものではないのです。むしろ、内に漲《みなぎ》っている力という意味なのです。

四種類の「枢要徳」

学生　「勇気」以外にはどのような徳があるのですか。

哲学者　古代ギリシアの哲学が受け継がれていくなかで、「枢要徳」と呼ばれる四つの徳が、最も重要な徳としてクローズアップされてきます。「賢慮」「正義」「勇気」「節制」の四つです。お渡ししている資料のなかの、「枢要徳」と書いてある図を見ながら話を聞いてください。

「力」という点からそれぞれの徳について簡単にま

とめておくと、「賢慮」は判断力です。自らの置かれている一つ一つの状況を的確に見抜く力のことですね。「正義」は他者や共同体と適切に関わる力。「勇気」は困難な悪に立ち向かう力。そして、「節制」は欲望をコントロールする力のことです。「勇気」という「徳」の話を理解するための補助線として、「節制」という「徳」について少し詳しく説明してみましょう。

「節制」と「抑制」の違い

学生　「節制」とか言われると、まさに「道徳」というイメージで、あんまり魅力的ではないですね。なんだかとても抑圧的な感じがします。

哲学者　その反応はもっともですが、実は、抑圧的な感じがあるのは、トマスの場合、「抑制」という概念であって、「節制」とは異なるのです。「節制」「抑制」「放埒《ほうらつ》」という図を見てください。この図は、もともと、岩田靖夫『アリストテレスの倫理思想』（岩波書店）という本に由来するもので、それを私がアレンジしています。

　トマスは、「節制」について説明するさいに、アリストテレスに基づいて、四種類の人を区別しています。この図にあるとおり、「節制ある人」「抑制ある人」「抑制のない人」「放埒な人」の四種類です。

学生　「節制ある人」と「抑制ある人」は何が違うのかよくわかりませんが、他の種類の人たちとの区別は比較的わかりやすいような感じがします。

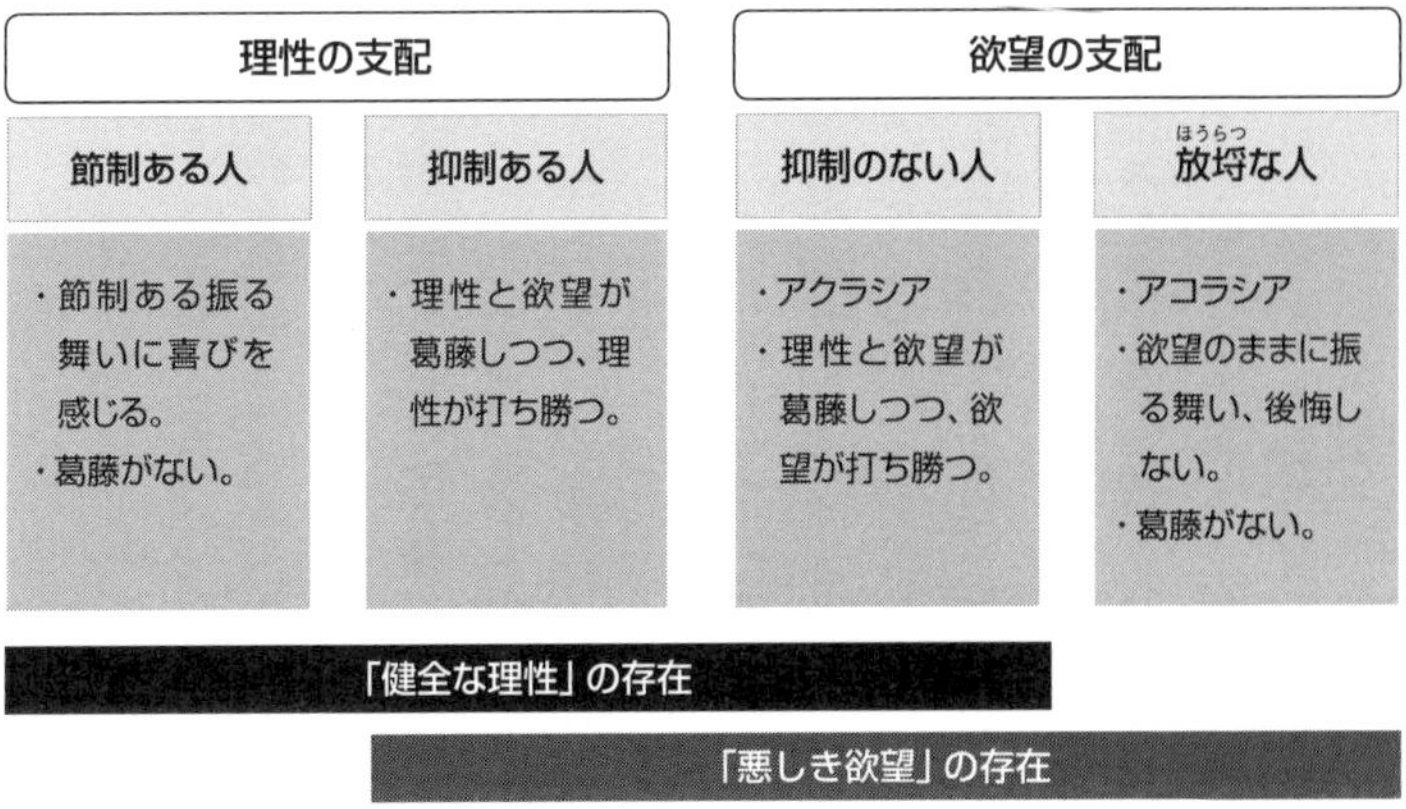

理性の支配		欲望の支配	
節制ある人	抑制ある人	抑制のない人	放埒な人
・節制ある振る舞いに喜びを感じる。 ・葛藤がない。	・理性と欲望が葛藤しつつ、理性が打ち勝つ。	・アクラシア ・理性と欲望が葛藤しつつ、欲望が打ち勝つ。	・アコラシア ・欲望のままに振る舞い、後悔しない。 ・葛藤がない。

「健全な理性」の存在

「悪しき欲望」の存在

「節制」「抑制」「放埒」

哲学者　「節制ある人」と「抑制ある人」との相違は、一言で言うと、「抑制ある人」は、いやいやながら欲望を我慢して押さえつけているのに対して、「節制ある人」は、節制ある在り方をしていることに喜びを感じているという点にあります。

「徳」と「技術」の共通性

学生　「節制」に喜びを感じるというのは、単なる綺麗事としか思えないのですが。

哲学者　この点について理解するためには、ちょっとした補助線を引くとよいと思います。

学生　先生は「補助線」がお好きですね。

哲学者　はい。うまく補助線を引くだけで、物事の理解は飛躍的に深まりますので。

学生　それで、この件に関しては、どのような補助線を引けるのですか。

哲学者　「徳」と「技術」との共通性という補助線

です。

学生　「技術」ですか？

哲学者　「技術」と言っても、現代の科学技術のようなものではありません。古代ギリシアの「技術《テクネー》」という言葉に由来するもののことで、芸術をも含んだ制作活動全般に関わる実践知のことです。アリストテレスが『ニコマコス倫理学』第二巻で「徳」と「技術」との類似性を指摘するさいに例として挙げているのは、「竪琴《たてごと》を弾く」とか「家を建てる」といったものです。

学生　「竪琴を弾くこと」と「節制を身につけること」とのあいだに、どういうつながりがあるのですか？

哲学者　「技術」と「徳」の共通性が何かと言うと、まず、何らかの「技術」や「徳」を身につけると、その「技術」や「徳」の関わっている事柄を為すのが容易になり、また素早く為すことができるようになる、ということがあります。竪琴だとあまり馴染みがないと思うので、ピアノを弾くという例に変えて考えてみましょうか。

「ピアノを弾く」という「技術」を身につける前と後とを比べてみましょう。ピアノを習い始めた子供は、何度も間違えては弾き直すということを繰り返し繰り返し行います。他方、ピアノを弾くという基本的な技術を身につけると、間違える回数は飛躍的に少なくなり、一曲を容易にかつ素早く弾き終えることができるようになります。

それと同じように、「節制」という「徳」を身につけると、「節制」の関わる事柄を為すのが容易になり、また、素早くなるのです。とりあえず、「食欲」という欲望に関する「節制」について考えてみることにしましょう。かりに、君が甘いものを食べるのがとても好きで、かなり太っているとしましょう。そして、大学の健康診断を受けたところ、いろいろな数値が好ましくなく、診察した医師から、今後の長い人生のためにも食生活に気をつけるように、指導を受けたとします。

ところが、君の家族もまた甘いものがとても好きで、家に帰ると常に何か甘くて美味しそうなものがダイニングテーブルの上に置いてあったり、冷蔵庫に入っていたりする。最初のうちは、すぐに手を伸ばせば食べることのできるケーキやアイスを我慢するのは困難で、つい食べてしまったり、または、たとえ我慢することができたとしても、「食べたい」という思いと「食べてはいけない」という思いとの葛藤を経て、ようやく食べるのを我慢するという流れになりますね。

アリストテレスによると、「徳」は「習慣」の積み重ねによって形成されます。大好きなスイーツが冷蔵庫にあるとき、大きく分けて二つの選択肢があります。「食べる」という選択肢と「食べない」という選択肢です。そして、このうちのどちらを選ぶかということは、人生全体のなかで見れば些細なことのようでいて、実はそうではないのだとアリストテレスは述べています。

学生　いくらなんでも、人生全体のなかで見れば、些細なことでしょう。

哲学者　アリストテレスによれば、人間がそうした分かれ道に直面して、どちらかの選択肢を選ぶということは、そのときにたまたまどちらかを選んだということで終わるものではないのです。選んだ方の選択肢を選びやすくなるような「習慣」が形成されてくる、と言うのです。そうすると、次に似たような状況に直面したさいにも、そちらの選択肢を選びやすくなってくる。そうした仕方で、どんどんある選択肢を選びやすくなるような性格というか人柄というか、そういうものが形成されてくることになるわけです。私たちが毎日行っている一見些細な選択が、実は人生全体の在り方へと直結しているという点をアリストテレスはえぐり出しているのです。

学生　うーん、厳しいですね。

哲学者　しかし、甘いものを食べないという適切な選択肢を選び、それを積み重ねていけばいくほど、適切な選択肢を選ぶことが以前よりも素早く容易にできるようになっていくわけです。これが「節制」という「徳」が身についた状態ということになります。

節制することの喜び

学生　それは、単に「習慣」が身についたということに過ぎないのではないですか。

哲学者　はい、そういう言い方をしても間違いではないと思います。ですが、「習慣」というのは、アリストテレスにおいても、トマスにおいても、とても重要な概念なのです。習慣の積み重ねによって、人間の人柄は形成され、変容していくとアリストテレスは考えており、ギリシア語の言葉遊びを兼ねて、「人柄《エートス》・性格」という言葉は「習慣《エトス》」を少し語形変化させることによって得られるとも述べています。

学生　さきほどからアリストテレスとトマスが両方出てきますが、いま先生がお話しされているのはどちらの考え方なのですか。

哲学者　いまお話ししている範囲に関しては、両者の見解の違いということは考えなくて大丈夫です。アリストテレスが述べていることを、トマスが正確に理解して自らの言葉で述べ直しているという感じですので。

学生　わかりました。でも、そういう仕方で、甘いものを食べないという選択肢を容易に選べるようになっても、たしかに健康には良いのかもしれませんが、何だか精神的には満たされないような気がします。

哲学者　一見、そのように思えてしまうかも知れませんが、実はアリストテレスやトマスは全く逆のことを言っています。これまでに述べてきた感情論とも結びつけて言うならば、「節制」という「徳」を身につけると、「喜び」という感情を感じるようになると言うのです。この点も、「技術」と「徳」の大きな共通点なのですが、何かの「徳」や「技術」を身につけたことの徴《しるし》は、その「徳」や「技術」に基づいた行為を為すことに喜びを感じるようになるということです。

たとえば、親にピアノを習わされて、嫌々ながら鍵盤を叩いていた子供が、ピアノの基本的な技術を身につけてくると、以前よりもたやすく一つの曲を弾けるようになるのみでなく、ピアノを弾くことが以前よりも楽しくなってくる。「喜び」を感じるようになってくるわけです。

それと同じように、「節制」という「徳」を有している人は、節制ある行為をすることに「喜び」を感じるのです。「食欲」の例で言えば、健全な食生活の喜びを感じ取るわけですね。一方で、「抑制ある人」の場合には、葛藤しながら、そして「本当は食べたかったな」などと思いながら、嫌々《いやいや》我慢して「食べない」という選択肢を選ぶことになるので、その点で「節制ある人」

とは大きな違いがあるわけです。

「アクラシア」と「アコラシア」

学生　なるほど。「節制ある人」と「抑制ある人」との違いは、だいたい理解できたと思います。もっとも、「抑制」の段階から「節制」の域まで到達するのはかなり難しそうですが。

それはさておき、「「節制」「抑制」「放埒」」という表には、他にもいろいろなことが書かれていますので、残りの部分についても説明していただけないでしょうか。特に、カタカナで書かれている「アクラシア」「アコラシア」のあたりがよくわからないのですが。

哲学者　「アクラシア」というギリシア語は、「無抑制」とか「抑制のなさ」などと訳されます。俗な言い方をすれば、「わかっちゃいるけどやめられない」という状態のことです。つまり、何かが善くないということが頭ではわかっているのにそれをしてしまうという在り方のことです。これこそが、「抑制のない人」を「抑制のない人」たらしめている核心なのです。

「抑制ある人」と「抑制のない人」には共通点があります。どちらも、「理性」と「欲望」との葛藤があるという点です。そのうえで、「理性」が「欲望」に打ち勝つのが「抑制ある人」で、「理性」が「欲望」に負けてしまうのが「抑制のない人」ということになります。

他方、「アコラシア」というギリシア語は、「放埒《ほうらつ》」「自堕落」を意味します。喜ぶべきではないものに喜びを感じたり、度を越して快楽を追求したりすることが、生きていくうえでの基本原理になっているような在り方のことです。欲望を追求することによって、自らの心身の健康を害したり、あるいは他人を傷つけたりしようとも、後悔することがないし、「理性」と「欲望」の葛藤もありません。「理性」そのものが「欲望」の奴隷になり、欲望を満たすための道具のようになってしまっているのです。

学生　「抑制のない人」や「抑制ある人」の場合には、理性の健全さが保たれているからこそ、「悪しき欲望」との葛藤が起こるわけですが、「放埒」の場合は、そもそも理性の健全性が損なわれてしまっているわけですね。

哲学者　そうです。そして、「節制ある人」の場合には、「理性」が健全な在り方をしているだけではなく、「欲望」もまた健全な在り方をしているので、葛藤がありません。こうした仕方で「欲望」を整えるのが、「節制」という「徳」なのです。しかも、この徳を身につけることによって、「喜び」が感じられるようになるわけですから、「節制」は、抑圧的なものであるどころか、「喜び」を抱いて真に幸福な人生を安定的・持続的に送っていくために不可欠な構成要素だということになります。

「怒り」と対立する感情は存在しない

学生　なるほど。自分が「節制」を身につけられるかどうかは別にして、お話はよくわかりました。他の「徳」についても、もっと詳しくお聞きしたいところですが、今日ももう遅い時間になってしまったので、最後に、「気概的な感情」のなかで一つだけ残っている「怒り」について簡単に説明していただけないでしょうか。

哲学者　わかりました。まず「気概的な感情の分類」の表（二〇八頁）に戻っていただきたいのですが、「怒り」だけ、この表からはみ出していますね。怒りは、他の四つの「気概的な感情」とは違う位置づけになっているのです。怒りは、「すでに現在のものとなっている困難な悪」を対象とする感情です。

たとえば、外国を旅行して楽しんでいたのに、突然暴漢に襲われて金品を奪われそうになっているという状況を思い浮かべてください。「これから襲ってきそうだ」という差し迫った未来の出来事ではなく、もうすでに犯罪に巻き込まれているわけですから、もはや「忌避・回避」はできません。とれる選択肢は二つだけです。一つは、やられるがままになって「悪」を甘受する。そのときには「悲しみ」が生まれます。もう一つは、自らを傷つけようとする「悪」に立ち向かう。この、現前する困難な悪に対して立ち向かおうとする心の動きが「怒り」です。

学生　「怒り」というのは悪い感情だと思っていたのですが、そうではないのですか。

哲学者　その「怒り」が理性によって節度づけられていれば、むしろ困難な状況を脱するために有用な感情と言えるでしょう。

学生　「然るべき程度」にコントロールできれば、必ずしも悪い感情ではないのですね。ところで、「気概的な感情の分類」の表を見ると、「怒り」には対《つい》となる感情が書いてありませんが、なぜですか。

哲学者　「怒り」には対立する感情が存在しないのです。というのも、いまさっきも言ったように、もう「忌避・回避」の余地はない以上、立ち向かうか立ち向かわないかという選択肢しかありません。立ち向かわない、または立ち向かえないというときに生まれてくる感情は「悲しみ」であって、「悲しみ」は「欲望的な感情」ですから、「気概的な感情」である「怒り」と直接的に対立するものではないのです。

また、トマスによるもっと興味深い説明は、「すでに現在のものとなっている困難な悪」に論理的に対立するものを挙げるとすれば、「すでに現在のものとなっている困難な善」だが、そんなものは実在しないから、「すでに現在のものとなっている困難な悪」に関わる「怒り」という感情に対立する感情は存在しないというものです。

学生　なぜ「すでに現在のものとなっている困難な善」は実在しないのでしょう。

哲学者　「すでに現在のものとなっている困難な善」という概念自体のなかに矛盾があるからです。「善」が「すでに現在のものとなっている」ということは、その「善」を獲得するための困難がすでに克服されたということを意味しています。逆に、もしもまだ「困難」ということがあるようでしたら、「善」はまだ獲得されてはいないということになります。ですから、「すでに現在のものとなっている困難な善」というものは原理的に存在しえないというわけです。

トマス感情論の全体像

学生　そういうことですか。今日のお話は盛りだくさんでしたが、おかげさまで、「気概的な感情」の全体像がなんとなくわかりました。

そして、前回「欲望的な感情」の全体像を説明していただいたので、これでトマスの感情論の全体を見たことになるわけですね。

哲学者　そのとおりです。「欲望的な感情」は、愛、憎しみ、欲望、忌避、喜び、悲しみの六つでしたね。そして、「気概的な感情」は、希望、絶望、大胆、恐れ、怒りの五つだということを今日説明しました。この二つを合わせて、全部で十一の基本的な感情があるというのがトマスの感情論の全体像になるわけです。

学生　一応、その全体像はおぼろげにわかったと言えると思います。ですが、まだ疑問点もいろいろと残っています。また、こういった感情の分類の話が、先生の提唱している「肯定の哲学」にどうつながっていくのかも、なんとなくしかわかりません。

哲学者　そうですね。前回と今回お話しした、トマスの感情論の全体像については、おぼろげにわかっていただければ、とりあえず大丈夫です。次回からは、その全体像についてのおぼろげな理解を踏まえながら、いくつかの感情に焦点を当てつつ、「肯定の哲学」についてもっと掘り下げて説明していきたいと思います。そのことによって、感情の全体像についての理解もより深まっていくはずです。

学生　ぜひ、よろしくお願いします。また同じ時間に来ればよいでしょうか。

哲学者　はい、また来週の同じ時間にお待ちしています。

第五章　「憎しみ」の根底には「愛」がある

中心的な感情としての「愛」

哲学者　トマスの感情論を深く理解するための最大の鍵、そして「肯定の哲学」を理解するための最大の鍵は、「愛」という感情を深く理解することのうちにあります。そこで、今日は、「愛」という感情について更に掘り下げて説明したいと思います。

学生　二回目の面談で、「愛」がすべての感情の根源にあるとうかがいました。それを説明するトマスの論理は納得できるものでしたが、それでもどうしても引っ掛かってしまうのは、トマスは、「愛の宗教」と言われるキリスト教の神学者だから、キリスト教の教義に基づいて、「愛」を中心に置こうと強引に試みているのではないかということです。

哲学者　ああ、前にお話ししたときも、君はそのような疑問を口にしていましたね。ですが、トマスの書いたものを詳しく読んでみても、キリスト教が「愛の宗教」だから、聖書に「愛」が重要だと書いてあるから、という理由で、「すべての感情の根源に愛がある」という議論を展開している箇所は見当たりません。そうではなく、私たちの日常的な経験を丁寧に順序立てて分析すると、どうしても「愛」が諸々の感情の中心にあると考えざるをえない、というのがトマスの「感情の論理学」なのです。

学生　本当にそうなのですか。トマスぐらい頭が良いと、キリスト教の教えを正当化するために、あたかも「愛」がすべての感情の根源にあるかのような論理を構築することも簡単にできてしまうのではないでしょうか。本当は最初から最後まで、キリスト教を正当化しようという動機が、トマスの感情論の全体を貫いているという見方もありうるのではないですか。

失礼かもしれませんが、宗教というものは基本的にどれもいかがわしいものだという感覚を私は持っていますので、どうしても警戒してしまいます。

哲学者　いや、失礼ということはないので、ぜひいろいろと率直に指摘してください。そのほうが、私としても参考になります。

これからお話しする「愛」についての説明を聞きながら、それが単なる宗教の教義に基づいた考えなのか、もっと私たちの日常的な経験に基づいた親しみやすい考えなのか、遠慮なく自分の頭で判断してもらえればと思います。

学生　わかりました。

「愛」があるから「憎しみ」が生まれる

哲学者 では、これから「愛」という感情を掘り下げていきますが、「愛」と対立する「憎しみ」についての説明を軸にしながら、話を進めていきたいと思います。私たちは、たいていの場合、「愛」と「憎しみ」を、同等の力を持って相対《あい》立する感情だと捉えていると思いますが、いかがでしょうか？

学生 たしかに、その二つの感情は、対等の力を持つというか、拮抗した力関係にあるように思います。ときには、明らかに「愛」よりも「憎しみ」のほうを強く抱いているだろうと思わせる人もいますね。

哲学者 ところが、トマスは、「愛」のほうが「憎しみ」よりも圧倒的に優位にあると考えます。

学生 なぜでしょうか。また具体例に基づいて説明していただければと思います。

哲学者 そうですね。たとえば、私の友達のAさんを執拗にいじめているBさんがいるとしましょう。私の心には、Bさんに対する「憎しみ」が生まれてきます。その「憎しみ」は、Aさんに対する「愛」があるからこそ生まれてくるものですね。そして、Aさんに対する「愛」が強ければ強いほど、Bさんに対する「憎しみ」も強くなります。

ですが、逆は成り立ちません。私がAさんを愛するためには、その前提として誰か他の人を憎んでいなければならない、などということがあったら大変ですね。もっと直接的にAさんの魅力に惹《ひ》きつけられてAさんのことを好きになるわけです。

このような仕方で、「愛」があってはじめて「憎しみ」も生まれてくる、すなわち、「愛」が「憎しみ」の原因になっているのです。

「憎しみ」が「愛」の原因になる場合

学生 でも、「憎しみ」が「愛」の原因になるという場合を想定することもできるのではないですか。たとえば、私がBさんを憎んでいて、Cさんも何らかの理由でBさんを憎んでいるとしましょう。そして、特に親しい間柄ではなかった私とCさんが会話をしていて、ふとBさんの話題になったとします。そして、Bさんに対する「憎しみ」を私とCさんが共有しているということがわかり、その点で意気投合して親しみを感じ合う、「愛」という感情がお互いのあいだに生まれてくる、ということがあるかもしれません。その場合、「憎しみ」が「愛」の原因になったと言えるのではないでしょうか。

哲学者 それはなかなか興味深い事例ですね。たしかに、君の挙げてくれた例の場合、「憎しみ」が「愛」の原因になったと言ってもよいと思います。

ですが、それは話の一部に過ぎません。というのも、君がBさんに対する「憎しみ」を抱いているのは、君が「愛」を抱いているAさんのことをBさんがいじめるからでしたよね。そして、Cさんが Bさんに対して「憎しみ」を抱いているのにも、何らかの理由があるはずです。たとえば、Cさんが「愛」を抱いているDさんの悪口をBさんが吹聴してまわっているとか、そういうたぐいのことですね。そのように考えると、やはり、「愛」があってはじめて「憎しみ」が生まれてくるという構造になっていることがわかります。

このように考えると、君の挙げてくれた例には、たしかにもっともな面があるものの、それは事柄の一面に過ぎないということになる。「憎しみの共有が原因となって愛が生まれることがある」というのはそのとおりなのですが、その場合でも、その共有される「憎しみ」の原因となっている「愛」にまで更に遡《さかのぼ》ることができるわけです。そして、その「愛」に関して、更にその原因として何らかの「憎しみ」を想定する必要はないですよね。

もっと言えば、「憎しみ」が「愛」の原因になる、というのは、そういう特殊なケースを想定することもできるということに過ぎないのであって、常にそうだというわけではありません。「憎しみ」を共有するのとは異なる仕方で「愛」が生まれてくるケースのほうが圧倒的に多いわけです。

「憎しみ」の根底にある「愛」

学生　なるほど、「愛」が「憎しみ」に先立っているというお話が、かりに正しいとしましょう。でも、それがどうして「肯定の哲学」につながるのでしょうか。そんなことを知っても、生きていくうえで、特に何の役にも立たないような気もしますが……。

哲学者　そうでしょうか。私は、若いときにトマスの感情論を読み、「愛」と「憎しみ」の関係について書かれている一節に触れて、とても大きな感銘を受けました。そして、私自身の感情の動きを捉え直すために、とても役に立ちましたし、今でも役に立っています。

学生　どう役に立つのですか。

哲学者　私たちは、ときに、誰かに対して強い「憎しみ」を抱くことがあります。それは、とても苦しいことです。場合によっては、「憎しみ」を抱く相手が同時に何人もいたりすることもあります。また、自分自身が「憎しみ」の対象になることもあります。そういうとき、私たちは、世界は「憎しみ」に充ち満ちていると感じて、暗い気持ちになります。

ですが、このようなときに、トマスの理論を思い起こすと、暗い気持ち一辺倒になってしまうところに、ささやかながらも、一つの歯止めを獲得することができます。「憎しみ」が生まれてくるさいには、必ず、その前提として「愛」があるわけですから、いくら「憎しみ」一色になっているように見えるときでさえも、その根底には「愛」があるという事実が帰結するからです。

学生　たとえ「憎しみ」の根底に「愛」があると気づいても、別に「憎しみ」が消滅するわけではないのですから、さほど意味はないのでは。

哲学者　もちろん、そういう言い方もできるかもしれません。でも、自分の心が「憎しみ」一色に塗りつぶされそうになるとき、「憎しみ」という否定的《ネガティブ》な感情のみではなく、「愛」という肯定的《ポジティブ》な感情が心のうちに潜んでいることに気づけることは、少なくとも私にとっては大きな救いとなりました。

「憎しみ」か「嫌い」か

学生　なるほど、それはわからないこともありません。ですが、私はそもそも誰かを「憎む」という経験がほとんどないので、トマスの論のありがたさをあまり実感できないですね。

哲学者　ああ、最初に挙げた例が、「誰かに対して強い憎しみを抱く」というものだったので、誤解を与えてしまったかもしれませんね。「憎しみ」と訳されている odium《オディウム》 という言葉は、「嫌うこと」「嫌い」「嫌がること」というように訳すこともでき、日本語の「憎しみ」よりも意味の広がりを持っています。トマスも、そうしたかなり広い意味でこの言葉を使っているのです。二回目に「愛はどのように生まれてくるのか」というお話をしましたが、「愛」と訳される amor《アモル》 という言葉もまた、「好き」という広い意味で理解したほうがいい面があるとお話ししましたね。

学生　はい、いまご説明いただいて、ちょうどその話を思い出しました。そのように広く理解すると、嫌いな人や物ばかりに囲まれている、あるいは嫌なことばかりが続いているように思えるときにも、実はその感情の基となる好きな人や物、あるいは好きなことにも囲まれていると気づくことができるということですね。それは、たしかに救いになるかもしれません。

「共鳴」と「不共鳴」

哲学者　では、「愛」と「憎しみ」が、そのくらい意味の広い言葉だということを確認したうえで、もう少し詳しく、「愛」と「憎しみ」の関係を見てみましょう。そのなかで浮かび上がってくることがあるはずです。

学生　わかりました。

哲学者　「愛はどのように生まれてくるのか」に関する説明をしたさいに、「欲求されうるもの（欲求対象）」が「欲求能力（心）」にはたらきかけて、「心」が変化させられて、「欲求されうるもの」を気に入ってしまう。そうした仕方で生まれてくる「好感」こそ「愛」という感情にほかならないという話をしましたね。この「欲求されうるもの（欲求対象）」と「欲求能力（心）」との関係について、トマスは、様々な文脈において様々な言葉を駆使しながら捉え直そうと試みているのですが、「愛」と「憎しみ」について述べているところでは、「共鳴」という言葉を使って説明しています。

学生　なぜ一つの言葉で一貫した説明を与えないのですか。

哲学者　様々な言葉を駆使して様々な角度から事柄に迫っていくやりかたは、哲学ではしばしば為されます。そうすることによって、一つの言葉、一つの概念だけでは捉えきれない現実の多面性が、多面的なままに認識される道が開かれていくからです。

学生　「共鳴」という言葉を使うことによって、どのような側面が見えてくるのでしょう。

哲学者　「共鳴」と訳されているのは、consonantia《コンソナンティア》というラテン語です。「共に」を意味する con という接頭辞に、「鳴る」「響く」「鳴り響く」を意味する sonare《ソナーレ》が結びついた consonare《コンソナーレ》という動詞があり、それが名詞化されたのが consonantia です。consonare は、「共鳴する」「反響する」「響きわたる」「調和する」「協和音をつくる」などと訳すことができます。何らかの事物が自分とピッタリだ、調和する、いい感じの関係性を築き上げることができるような気がする、ということですね。魅力的な対象によって「変化」させられるとか、魅力的な対象を「気に入る」とかいう表現では感じ取りにくい、心が躍《おど》るような感じがしますよね。

学生　たしかに、躍動的でウキウキした感じがします。

哲学者　それに対して、「憎しみ」の場合には、「不共鳴（dissonantia《ディソナンティア》）」があるとトマスは述べています。分離や否定を意味する接頭辞である dis と sonare が結びついて出来上がった単語です。ですから、まさに consonantia の反対の意味になります。何らかの事物と自分がどうもしっくりこない、違和感がある、不調和が感じられる、いい関係性が形成できそうにない、というような感じですね。

学生　なるほど。

「適合」は「背馳《はいち》」に先行する

哲学者　いまお話ししたのは、『神学大全』第二部の第一部第二九問題「憎しみについて」の第一項「憎しみの原因と対象は悪であるか」と第二項「憎しみは愛から引き起こされるか」に書かれていることです。ここまでの話を踏まえると随分読みやすくなると思いますので、第二項の主文を読んでみましょう。

学生　私が音読してもいいですか。

哲学者　いいですね、お願いします。

学生　了解しました。

愛は、愛する者の愛されるものに対する何らかの適合（convenientia《コンヴェニエンティア》）のうちに存するが、それに対して、憎しみは、何らかの背馳《はいち》（repugnantia《レプグナンティア》）または不共鳴（dissonantia《ディソナンティア》）のうちに存する。

ところで、何事においても、そのものに適合するもののことを、そのものに背馳するものよりも先に考察しなくてはならない。なぜなら、あるものが他のものに対して背馳的であるのは、適合するものに対して破壊的であったり妨害的であったりすることによるからである。

それゆえ、必然的に、愛は憎しみより先であり、愛されている適合的なものに対立することによらずには、何ものも憎まれることはない。こうして、およそ憎しみは愛によって引き起こされる。

哲学者　ありがとう。随分短い「主文」ですね。トマスのテクストについては、「事柄そのものが語る」という言い方が為されることがありますが、余計な修飾などは付け加えずに、端的に事柄そのものに語らせようとするので、ときに「主文」はとても短いものになっています。

学生　まだトマスの言葉遣いを難しく感じる面もありますが、先生の説明のおかげで、前よりもだいぶ意味がわかるようになりました。そして、文章が本当に要約不可能なくらい凝縮されているなと感じます。

哲学者　それは嬉しいですね。『神学大全』はあまりにも巨大な書物なので、その内容を「問題」ごとに、または「項」ごとに要約したような参考書も出ていたりするのですが、そうした本は、実はさほど役立たないように私は感じています。何しろトマスの文章は、もともと要約不可能なほど凝縮されているわけですから。むしろ、豊かな洞察が凝縮して詰め込まれている原典のテクストを丁寧に解きほぐしながら解読したほうが、トマスの思想のエッセンスを捉えるためには有効で、私は授業でも、基本的にそういう方法をとっています。

学生　いま私が音読した箇所については、何か注意すべき点はありますか。

哲学者　ここでは、背馳という「背き離れること」や「相反《あいはん》すること」を意味する言葉がやや耳慣れないかも知れませんが、不共鳴と並列されているので、イメージは摑《つか》めると思います。内容自体は、今日のこれまでの話のなかですでに詳しく説明したので、それ以上に言うべきことは特にありません。ただし、「あるものが他のものに対して背馳的であるのは、適合するものに対して破壊的であったり妨害的であったりすることによる」という部分は、具体例を挙げて説明してきた「愛」の「憎しみ」に対する先行性を理解するための鍵となる表現ですので、よく理解しておいてください。

『神学大全』における感情論の位置づけ

学生　ところで、いつも先生は『神学大全』の第〇部第〇問題第〇項とおっしゃいますが、何がどういう順番で書かれているのか、気になります。これまでに出てきた話を少し整理していただけないでしょうか。

哲学者　そうですね。ちょうどいい機会なので、トマスの論述の流れを大づかみに説明しておきましょう（二四頁参照）。

『神学大全』におけるトマスの感情論は、第二部の第一部（人間論・倫理学の総論）の第二二問題から始まり、第四八問題まで続きます。感情論に入るまでの第一問題から第二一問題までは、人生の目的、幸福、そして人間の行為とはどういうものかについて、基本的な説明が為されています。感情論の直後の第四九問題から第八九問題までは、前回少しだけお話しした「徳」と「悪徳」の話になります。第九〇問題から第一〇八問題までは「法」がテーマとなり、最後に第一〇九問題から第一一四問題まで、神の「恩寵」についての話が為され、この部は閉じられます。

そして、感情論について取り扱っている第二二～四八問題のうち、第二二～二五問題は、「感情」というものについての総論的な考察になっています。そもそも感情とは何かとか、感情の分類とか、感情の善悪についての話ですね。それを受けて、第二六～四八問題は、一つ一つの感情についての掘り下げた考察が展開していきます。

そのなかで、まず第二六～二八問題では、「愛」について詳しく論じられます。それぞれの問題のタイトルは、第二六問題「諸々の感情について個別的に――まずは愛について――」、第二七問題「愛の原因について」、第二八問題「愛の結果について」となっています。

そして、その次に来るのが、今日お話ししようとしている第二九問題「憎しみについて」なのです。

この流れを見るだけでも、「愛」が「憎しみ」よりも優先すると考えるトマスの姿勢が顕著に表れていると思います。まず「愛」について述べてから、それを踏まえてはじめて「憎しみ」についての話が来るわけです。また、「愛」については三つも問題を割いてかなり詳しく論じているのに、「憎しみ」については一つの問題しかありません。このような形式的なところからも、「愛」という肯定的な感情を、「憎しみ」という否定的な感情よりも重視しているトマスの姿勢が読み取れるのです。

「憎しみ」の重要性

学生　逆に言えば、「憎しみ」は、トマスの感情論のなかで、さほど重要な位置づけを与えられていないということですね。

哲学者　それがそうでもないのです。

学生　でも、いわば二次的な感情なのですよね。

哲学者　最も根源的な感情である「愛」と比べれば二次的な感情ですが、他の感情の系列のなか

	善	悪
現在	喜び	悲しみ
未来	欲望	忌避
双方	愛	憎しみ

欲望的な感情の分類

に位置づけてみると、それほど二次的でもないのです。

学生　どういうことですか。

哲学者　「愛」がどのように生まれてくるのかについてお話ししたときのことを思い出してください。まず何かに「好感」すなわち「愛」を抱き、その好きになったものに対する「欲望」が生まれてきて、それを獲得したら「喜び」が生じるというのが、「愛」から始まる感情の流れの最も基本的な形でしたね。この流れの反対のパターンはどんなものでしたっけ？

学生　ええと、いただいているプリントをちょっと見てもいいでしょうか。

哲学者　もちろんです。どうぞ。

学生　あ、この「欲望的な感情の分類」という表を見ればいいのですね。この表によると、「善」に関わる感情における「愛」「欲望」「喜び」は、「悪」に関わる感情における「憎しみ」「忌避」「悲しみ」に対応することになっていますね。

哲学者　そうです。まず何かが嫌いになる、すなわち「憎しみ」を抱く。そして、その嫌いなものを避けようとする「忌避」の念が生まれてくる。でも、無事に避けることができず、嫌なものと関わらざるをえなくなると「悲しみ」が生じる、という流れですね。

学生　感情の流れというのは、この二種類しかないのですか。

哲学者　いや、実際には、はるかに複雑な流れがあります。何かを好きになって欲望したけれども手に入らず、悲しみを抱く、といった流れもあれば、何かを嫌いになって避けようとして、無事に避けることができた喜びを味わう、といった流れもあるわけです。

学生　なるほど。

哲学者　いずれにしても、「憎しみ」という感情が、他の諸々の感情が生まれてくる出発点になるということを、あらためて確認していただけたかと思います。そして、この「憎しみ」の更に根底に「愛」があるというのが、さきほどお話しした内容になるわけです。「「憎しみ」の根底にある「愛」」という図を見ていただけると、少しわかりやすくなるかと思います。

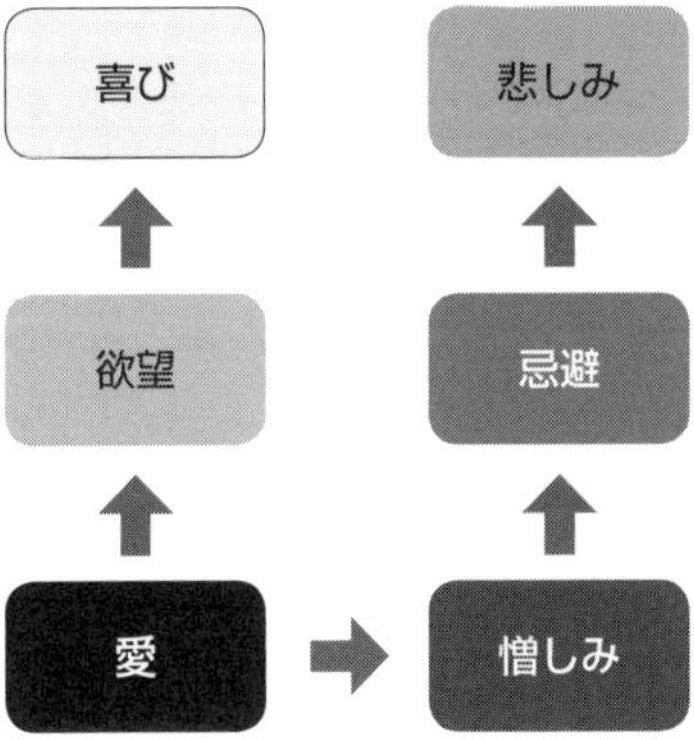

「憎しみ」の根底にある「愛」

学生　「憎しみ」は、多くの感情が生まれてくる根源にあるが、更にその根源には「愛」があるということですね。

哲学者　はい、そのとおりです。

「愛」と「無関心」の関係

学生　ところで、「愛」の反対は「憎しみ」ではなく「無関心」だという言葉を聞いたことがありますが、トマスにおいてはそうではないのですね。

哲学者　一つの概念に対立する対《つい》概念は、必ずしも一つである必要はありません。「愛」に対立する感情は「憎しみ」ですが、「無関心」というのは「感情」ではないですよね。「感情」は、心を揺り動かされている状態のことですが、「無関心」というのは、心を揺り動かされない状態のことですから。そう考えると、「愛」という感情が、他のすべての感情の根源にある以上、ある意味、「無関心」は「愛」の対概念と言うこともできると思います。「憎しみ」と「愛」とは、「感情」という土俵を共有したうえで対立しているわけですが、「無関心」は、土俵外に存在する対概念と言えるでしょう。様々なものから心を揺り動かされて生きていくのか、単なる傍観者として生きていくのかという違いと言ってもいいかもしれません。もっとも、トマスの哲学には「無関心」という概念は出てきませんが。

「偽ディオニシウス」の洞察力

哲学者　それでは、「愛」と「憎しみ」について、もう少し話を進めていきましょう。「愛」は、単に時間的に「憎しみ」に先立っているだけではありません。「愛」は、「憎しみ」よりも「より強力」だともトマスは述べています。

学生　でも、一概に「愛」と「憎しみ」のどちらが強いなどと言えないのではないですか。「憎しみ」に駆られて人を殺すこともありますし……。

哲学者　そうですね。『神学大全』第二部の第一部第二九問題第三項において、トマスは、「憎しみは愛よりも強力であるか」という問いを立てていますので、一緒に見てみましょう。

学生　わかりました。

哲学者　この項を理解するための大きな鍵の一つは、「反対異論」に引用されているディオニシウスの言葉のうちにあります。

学生　ディオニシウス？

哲学者　はい、正確に言うと、「ディオニシウス・アレオパギタ」です。日本では知名度が高くないかもしれませんが、西洋中世哲学の最重要人物の一人です。ディオニシウスの著作群は、中世においては、聖書に次ぐ権威を持っていました。というのも、「ディオニシウス・アレオパギタ」という名前は、新約聖書のなかに、使徒パウロの直弟子として登場するものだからです。パウロは、新約聖書のかなりの部分を書いた人物であり、その直弟子であるディオニシウスによって書かれたと考えられていたこの著作群は、聖書に次ぐ権威を持つものと考えられていたのです。

しかし、十九世紀後半以降の文献学的な研究によって、この文書群の著者が聖書に登場する「ディオニシウス」ではないということが明らかになりました。これは、パウロの直弟子の名前を騙《かた》って六世紀頃に書かれた偽書だったのです。ですので、この著者のことは、現在では、「偽ディオニシウス」と呼んでいます。

学生　それは一大スキャンダルですね。中世においてそんなに権威を有していた書物が偽書だったなんて……。偽書と判明した以上、もはや読む価値はないのではないでしょうか。

哲学者　もちろん、これほど大きな影響を与え続けてきた著作群が偽書だったということは、大きな衝撃を与えました。でも、だからといって、読む価値がなくなったかといえば、そうではありません。著者が誰であれ、この本のなかには、神について、この世界について、そして人間についての数多くの優れた洞察が含まれているからです。

学生　しかし、たとえ神についての優れた洞察を有していたとしても、キリスト教の研究をしている先生にとってはともかく、私のようなノンクリスチャンの日本人には縁遠い人物ですね。

哲学者　それが、実は意外な接点があるのです。「ディオニシウス」の名のもとに伝えられてきた『ディオニシウス文書』のなかには、『天上位階論』『教会位階論』『神名論』『神秘神学』という著作と十通の書簡が含まれています。書名のなかに、二度ほど、「位階」という言葉が出てきますね。この「位階」と訳されている言葉は、もとのギリシア語では、ἱεραρχία《ヒエラルキア》という言葉であり、ディオニシウスによって編み出されたものなのですが、これは、現代の日本語で普通に使われる「ヒエラルキー」という言葉の語源に当たるのです。

学生　えっ、あの、官僚機構などにおけるピラミッド型の階層的な組織の在り方を意味する「ヒエラルキー」という言葉は、いま先生がお話ししている「偽ディオニシウス」によって編み出されたのですか。

哲学者　はい、そうです。もっとも、彼が問題にしていたのは、官僚機構や企業組織の在り方ではなく、「天使」における「位階」であり、「教会」における「位階」であり、そういったものすべてを含むこの世界全体の「位階」だったわけですが。

学生　まさか、普段から使っている「ヒエラルキー」という概念が、キリスト教の神学から生まれたものとは思ってもみませんでした。それで、そのディオニシウスが「憎しみ」の話とどう関係してくるのですか。

悪は、善の力によらずには、はたらきを為すことがない

哲学者　思わず脱線してしまいました。「憎しみは愛よりも強力であるか」と題された項の「反対異論」において、トマスは、「悪は、善の力によらずには、はたらきを為すことがない(malum《マルム》 non《ノン》 agit《アギット》 nisi《ニシ》 virtute《ヴィルトゥーテ》 boni《ボニ》)」というディオニシウスの言葉を引用しています。短い言葉ですが、「憎しみは愛よりも強力であるか」という問題を探究するための大きな手がかりを与えてくれます。

学生　どういう手がかりでしょうか。

哲学者　この言葉は、文脈に応じて、様々な仕方で解釈されうるような豊かさを持っています。たとえば、私の愛している野良猫をいじめている悪い男に対して私が憎しみを抱くという例を考えてみましょう。この場合、私の「憎しみ」は、「悪」すなわち「悪い男」に向けられています

ね。他方、私の「愛」は、何らかの魅力を持った「猫」に向けられています。

そして、猫に対する私の「愛」が強ければ強いほど、その猫をいじめる男に対する私の「憎しみ」も強くなります。そして、猫に対する私の「愛」が弱くなればなるほど、男に対する私の「憎しみ」も弱くなります。少し極端に言えば、私が猫に対して全く無関心になれば、その男の行為に対しても無関心になるわけですね。そうなってしまうと、酔っ払った男が電柱を蹴っているのを見るのと同じくらいの反応しか私の心には生じないかもしれません。その悪しき男の悪しき行為が「憎しみ」という感情を私の心に呼び起こすのは、その善き猫の魅力に対する私の「愛」に依存して初めて可能になっているのです。ディオニシウスの言葉の「悪」のところに「憎しみ」を、「善」のところに「愛」を代入して、「憎しみは、愛の力によらずには、はたらきを為すことがない」と言い換えることもできるかもしれません。

学生　「愛」の存在が「憎しみ」の存在の前提条件になっているという話と同じことですね。

哲学者　そのとおりです。「愛」という土俵のうえで初めて「憎しみ」も生まれてくるという「愛」の徹底的な先行性を、トマスは論理的にあぶり出そうとしているのです。

「憎しみ」が「愛」よりも強いように思われる場合

学生　そうすると、「憎しみ」が「愛」よりも強いということは原理的にありえないのですか。

哲学者　そういうことになります。ただし一方で、トマスは、「憎しみ」が「愛」よりも強いように思われる場合もあるとも言います。「強い」と断言しているのではなく、「強いように思われる」「強いように見える」という言い方をしているところに気をつけてください。

学生　どういうことですか。

哲学者　「憎しみは愛よりも強力であるか」の「主文」の該当部分を読んでみましょう。また音読してもらってもいいですか。

学生　はい、わかりました。

〔ときに憎しみが愛よりも強いように思われる理由の〕第一は、憎しみが愛よりも一層感じとられやすいからである。感覚の知覚は何らかの変化のうちに存するから、何かがすでに変化させられていると、まさに変化させられているときのようには〔強く〕感じとられなくなる。

だからこそ、消耗熱の熱は、より高いにもかかわらず、三日熱の熱ほどには感じとられない。なぜなら、消耗熱の熱はすでにいわば習慣と本性になってしまっているからである。

このゆえにまた、愛されているものが不在のときには、愛はより強く感じとられるのであり、それは、アウグスティヌスが、『三位一体論』第十巻〔第十二章〕において、「愛は、欠乏がそれを提示しないときには、さほど〔強く〕感じとられない」と言っているとおりである。このゆえにまた、憎まれるものとの背馳は、愛されるものとの適合性よりもより敏感に知覚される。

哲学者　ありがとう。この一節を読み解くための鍵は、消耗熱と三日熱の例を正確に理解することにあります。「消耗熱（febris《フェブリス》 hectica《ヘクティカ》）」は、「習慣」を意味する ἕξις《ヘクシス》 というギリシア語に由来していいます。発熱が習慣化して持続している状態のことですね。他方、「三日熱」というのは、マラリアの一種で、三日周期で発熱する病気です。

三日熱の場合には、消耗熱の場合のように発熱が持続し習慣化しているわけではないので、平熱からの変化が、ありありと感じ取られやすいわけです。実際にはさほど高い熱でなくても、異常事態だという違和感が感じ取られやすいわけですね。

それに対して、消耗熱が長期間続いていると、いくら高熱であってもそれが常態化しているので、あまり違和感がなくなって、自然なものとして受け取られるようになってしまう。いわば、それが「平熱」という感じになっているわけですね。「習慣と本性になっている」というのはそういう意味です。

学生　その話は比較的わかりやすいのですが、「憎しみ」と「愛」の話にどうつながってくるのですか。

哲学者　この話の肝所《かんどころ》は、違和感があるものは感じ取られやすい、というところにあります。「愛」という感情は、愛する者と愛されるものとの「適合性」や「共鳴」を意味していましたよね。つまり、しっくりくる、ピッタリだ、ということが愛の本質なのです。それに対して、「憎しみ」という感情は、「不共鳴」を本質としていました。違和感・抵抗感を覚えるというのが、

「憎しみ」の本質なのです。そういう違和感は、とても強く感じられやすいわけです。

学生 足に棘《とげ》が刺さると、体全体から考えればとるに足らない小さな棘であっても、なんか嫌だな、違和感があるなと思って、一日中気になったりするようなものでしょうか。

哲学者 まさにそういうことですね。

「愛」と「憎しみ」の対応関係

学生 だいたい、お話は理解できました。でも、トマスの言っていることはおかしいと思います。

哲学者 どこがおかしいですか。

学生 なぜなら、感情というのは、感じられるからこそ感情なわけですよね。一方で、トマスのここでの議論は、「違和感として憎しみのほうが強く感じられることはあっても、本当に強いのは愛のほうだ」と言っているように聞こえます。感じられるからこそ感情だという私の理解が正しいとすれば、強く感じられている憎しみのほうが、愛より強いという結論になると思います。

哲学者 なるほど。なかなか手ごわい異論ですね。

学生 やはりトマスは、愛のほうが憎しみよりも強いということをどうしても言いたくて、詭弁《きべん》に陥ってしまったのではないでしょうか。

哲学者 いや、私はそうは思いません。いま提起してくれた問題を解決するための手がかりも、同じ項の主文の末尾にあります。さきほどの続きの部分を読んでみてください。

学生　わかりました。

〔ときに憎しみが愛よりも強いように思われる理由の〕第二は、憎しみが、それに対応している愛と比較されないからである。なぜなら、諸々の善の相違に基づいて、大きさと小ささにおける愛の相違が存在しているのであり、対立する憎しみがそれらに対応しているからである。それゆえ、より大きな愛に対応している憎しみは、より小さな愛よりも一層多く〔人を〕動かす。

哲学者　ありがとう。このテクストにおいてトマスが述べていることは、さほど難しいことではありません。

具体例に基づいて考えるとわかりやすくなると思います。図を見ていただきたいのですが、「親友を傷つける人への憎しみ」と対応する愛は、「親友への愛」ですね。それに対して、「万年筆を傷つける人への憎しみ」と対応する愛は、「万年筆への愛」です。そして、私がとてつもない万年筆マニアでないかぎり、「親友への愛」のほうが、「万年筆への愛」よりもずっと大きいはずですね。ですから、「より大きな愛」である「親友への愛」に対応している「親友を傷つける人への憎しみ」が「万年筆への愛」よりも大きいということが生じえます。ですが、それは、いわば斜めに比較しているからそういうことが生じてしまうわけです。対応する「愛」と「憎しみ」とを比較すれば、「憎しみ」のほうが「愛」よりも大きくなることはないとトマスは言おう

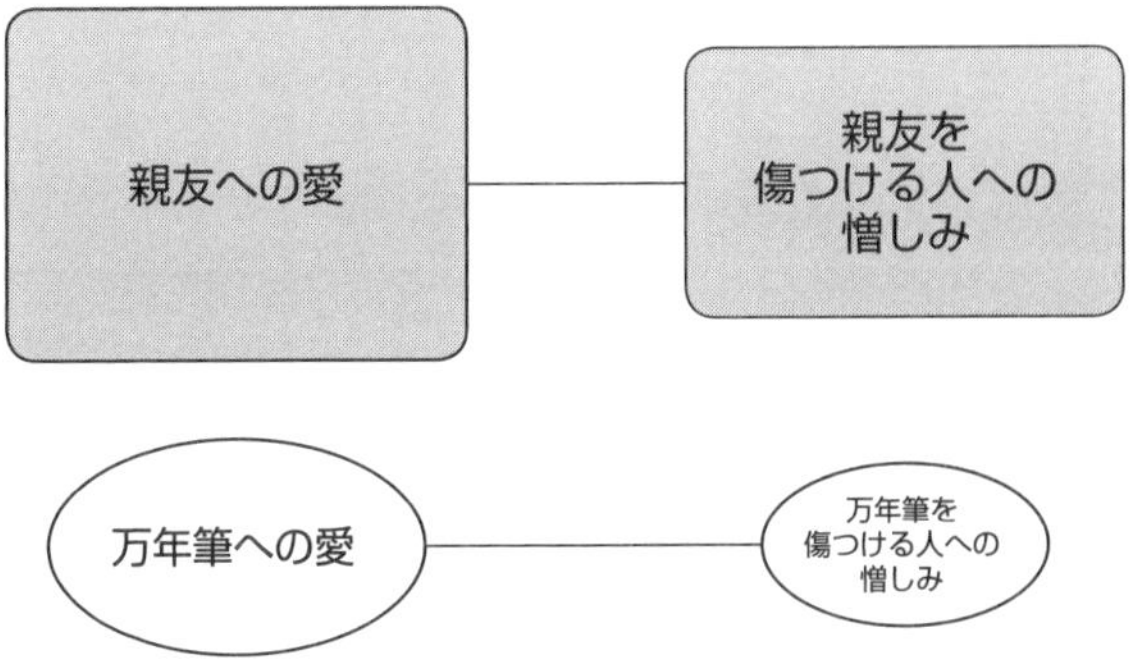

対応する「愛」と「憎しみ」

としているわけです。

学生　考え方としてはよくわかりますが、今の話は、私がお尋ねした、「感じられるからこそ感情だ」という話と、どうつながってくるのですか。

「動かすもの」としての感情

哲学者　注目していただきたいのは、さきほど音読してもらったテクストの最後の一文です。「より大きな愛に対応している憎しみは、より小さな愛よりも一層多く〔人を〕動かす」とありましたね。このまとめの一文は、とても重要なことを言っていると思います。

学生　どう重要なのですか。

哲学者　感情の本質を、トマスは、「人を動かす」ところに見出しているわけです。感情は、人間存在全体をその深層において動かす原動力であり、単に意識的・主観的に「感じ取られる」か否かという点のみが重要ではないのです。

学生　なるほど。そのように捉えると、結局、「違和感としての憎しみのほうが強く感じられることはあっても、本当に強いのは愛のほうだ」というトマスの主張はおかしくないことになりますね。

哲学者　はい。親友を傷つける人の存在を知ると、私の心はその人への「憎しみ」でいっぱいになってしまいます。それ以外のことを考えることは困難になるかもしれません。そして、そうした場面において、親友への「愛」という感情をことさら強く意識することはないかもしれません。でも、そこまで強く私の心が「憎しみ」へと揺り動かされるのがなぜかと言えば、空気のように常態化している親友への「愛」が、たとえあらためて強く「感じ取られる」ことがないにせよ、私の存在全体を常に深く動かし続けているからなのです。

ですから、違和感としての「憎しみ」が「愛」よりも強く「感じ取られる」ことがあるという事実は、「憎しみ」の「愛」に対する優位を意味しているのではありません。それどころか、むしろ、「憎しみ」という否定的な感情の起動力となるような仕方で、肯定的な感情である「愛」が私を突き動かし続けていることをこそ意味しているのです。

学生　それは、以前先生がおっしゃっていた、ラテン語で「感情」を意味する passio《パッシオ》 という単語が、「受動」を意味するという話とも深くつながっているような気もしますね。たとえ、意識的に「愛」を感じていなくても、それは心の奥深いところから人間を突き動かしているということでしょうか。

哲学者　そのとおりです。

「愛」という土俵

学生　これまでの説明を踏まえたうえでの確認なのですが、親友に抱いている「愛」以上に強い「憎しみ」を、親友を傷つける人に対して抱いてしまったりすることは、本当にないのでしょうか。

哲学者　その質問は、言い換えれば、「より強く感じられる憎しみが、さほど強く感じられない愛から育ってしまうことはないのか」ということですね。それに対する答えは、そのようなことがあるとしても、その全体が「愛」の土俵のうえで起こっている、その意味で「愛」のほうが「強い」のだ、という説明になると思います。これを「強い」とか「大きい」と言うのは、言葉の使い方として少し違和感を抱かれるかもしれませんが。

いずれにしても、トマスの言っている「強い」とか「大きい」というのは、科学者が被験者の脳に電極をつないで、「愛」と「憎しみ」という「感情」の「強さ」を測定し、どちらの反応のほうが強いかを数値的に比較する、といった意味での「強さ」ではなく、「愛の徹底的な先行性」という意味での「強さ」である点に留意する必要があると思います。

学生　どのような憎しみも、所詮《しょせん》は愛という土俵のうえで起こっているに過ぎないということは、これまでのお話をうかがって論理的には理解できています。でも、具体的な場面を想像して考えてみると、まだ納得しきれないところもあるのです。

たとえば、そこまで仲の良くない友人とたまたま一緒に歩いていたら、その友人がチンピラ風の男と肩がぶつかってトラブルになる。理不尽な言いがかりをつけられている友人を見ていたら、ものすごく腹が立ってきて、思わず相手の男に殴りかかってしまう……こんなケースでは、「そこまで仲良くない友人」に対する「小さな愛」に比して、相手の男に対して「大きな憎しみ」を抱いてしまっているとは言えないでしょうか？

哲学者　たしかに日常生活において、非常に些細なことが原因で、大きなトラブルに発展してしまうということは、よくあることですね。

学生　そうです。後から考えると「なんであんなにどうでもいいことで、こんな大喧嘩をしてしまったのか」と後悔したりします。これはどう考えればいいのでしょうか。

哲学者　まさにそのようなケースを振り返るために、「憎しみは愛よりも強力であるか」という項が役に立つと思うのです。さきほどの例で言えば、なぜ相手の男に対する君の「憎しみ」はそんなに大きくなってしまったのでしょうか。もし、君が感じた「憎しみ」が、友人に対する「小さな愛」に見合わないとしたら、何か他の原因があるのかも知れません。

学生　なるほど。たとえば、実は私は「正義」に対して強い愛を抱いていて、その大切な「正義」を相手の男が踏みにじったから、そのことに対して「強い憎しみ」が湧いてきたとか……。

哲学者　そういうことです。すでに述べた話と結びつけるならば、この例の場合には、「友人に対する愛」と「友人を傷つける人に対する憎しみ」、「正義への愛」と「正義を傷つける人への憎しみ」という二つの対立軸が絡まり合った事態になっているので、話が少し複雑になっているわけですね。強い感情に翻弄されて苦しいときに、いま自分が感じている感情はどのような種類のものか、憎しみを感じているとすればそれはなぜか、自分が本当に愛しているのは何か……などと感情を論理的に分析することは、自らの感情から適切な距離を取って、事態にうまく対処するためにとても役立つと思います。

学生　そうかもしれませんね。よくわかりました。

秘められた感情

哲学者　今日の話のポイントの一つは、感情というものは、人間存在全体を突き動かすものであって、「感じ取られる」かどうかのみが重要ではないという点だったわけですが、これは、「秘められた感情」という話にもつながってくると思います。

学生　「秘められた感情」とはなんですか？

哲学者　ある種の感情が他人の目からは秘められている、というのはわかりやすい話だと思います。私がある人に好意を持っているけれども、または敵意を持っているけれども、それを外には出さないようにしているので、他の人にはわからないということは、よくありますよね。ですが、私がここで言いたいのは、そのことではありません。ある種の感情は、その感情を抱いている自分自身にとってさえ秘められていることがあるのです。

学生　たとえば、身近にいるのが当たり前になっている幼馴染みに対して、実は恋愛感情を抱いているのに、本人はそのことに気づいていない、という恋愛マンガの定番のようなケースでしょうか。

哲学者　それもひとつですが、もっといろいろな広がりもあると思います。たとえば、現代の心理療法において、鬱《うつ》の症状を抱えているクライアントがセラピストと面談を重ねていくなかで、クライアントが抑圧して、見ないようにしていた深い「悲しみ」の存在が浮き彫りになってくる、といったケースも考えられます。

その「悲しみ」は、恋人を失った「悲しみ」であるかもしれないし、親を喪《うしな》った「悲しみ」であるかもしれません。その「悲しみ」を見ないようにして、仕事に没入したりしているうちに、その「悲しみ」のことはほとんど忘れているような状態になっている。でも、いつのまにか、毎日、なぜかわからないけれども気分が鬱々として、何も手につかなくなってしまう。その状況を打開するために心理療法を受けていくなかで、自分が見ないようにしていた「悲しみ」、抑圧されて心の奥底に沈み込んでいた「悲しみ」の存在が浮かび上がってくる。その「悲しみ」に直面することは、本当につらいことだけれども、でもその「悲しみ」に直面し、あらためて感じ直し、その「悲しみ」と共存して生きていくなかで、理由もわからずに陥っていた鬱状態からは徐々に解放されていく——。

私は心理療法家ではないので、完全に適切な事例説明になっているかどうかはわかりませんが、心理療法に関する本を読むと、こういった感じの事例が挙がっていますね。この事例において、感じられなくなっていた「悲しみ」は、そのクライアントの心に何の影響も与えないどころか、心身の不調へと動かし続けていたわけですね。

開かれたスコラ哲学

学生　七百年以上も前に書かれたトマスのテクストの一節を、現代の心理療法に結びつけて論じることができるというのは驚きですね。

哲学者　私が若いときに読んだ論文に、"Developmental Thomism" というものがありました。なかなかうまい日本語にならないのですが、「発展的トマス主義」とでも訳したらいいのでしょうか。トマスは、聖書や、初代教会の教父たちだけではなく、元来キリスト教とは直接的な関係のないアリストテレスのようなギリシア哲学の伝統など、入手可能なあらゆる知を参照し、それらを統合する仕方で知的探究を行い、その成果を私たちに残してくれました。

現代に生きる私たちが、そのような探究態度を持っていたトマスから学ぶということは、単にトマスが述べたことを正確に読み取ることには尽きないと私は考えています。もちろん、トマスが述べたことを丁寧に読み取っていくということは話の大前提なのですが、そのうえで、トマスのテクストから得られる洞察と、トマス以後の人類の知的発展から得られる洞察を統合することによって、私たちの未来を照らし出す有益な洞察が生まれてくるのではないかと思うのです。

そういう意味で、単にトマスの言っていることを金科玉条のように墨守するという意味での「トマス主義」ではなく、「発展的トマス主義」とでも言うべきものを私は目指したいと思っています。トマスが代表者の一人である「スコラ哲学」は、西洋哲学の様々な分野のなかでも、一部の専門家のみが研究している閉ざされた分野という印象が根強くあるのですが、今述べたような仕方で研究を進めることによって、「スコラ哲学」のなかに含まれている優れた洞察を、より多くの人に向けて開いていくことができるのではないかと考えています。これを私は「開かれたスコラ哲学」と呼んでいます。

学生　なるほど。「発展的トマス主義」というのは、とても魅力的だと思います。今日もずいぶん長くお話をうかがってしまいました。「愛」を根源に置くトマスの感情論が、単にキリスト教の教義を正当化するためにこねあげられたものではなく、私自身の心の動きを的確に説明してくれるような力も持った柔軟なものだということがよくわかりました。他の感情についても、こうした観点から、ぜひまた詳しくお聞かせいただければと思います。

哲学者　承知しました。それではまた来週、同じ時間にいらしてください。

第六章　心の自己回復力──「喜び」と「悲しみ」の仕組み

「肯定の哲学」への手がかり

学生　今日もよろしくお願いします。本題に入る前にうかがいたいのですが、そもそも先生はなぜ「肯定の哲学」という観点からトマス哲学を捉え直してみようと思われたのですか？　きっかけのようなものを教えていただけると参考になると思うのですが。

哲学者　明確に一つに特定できるようなきっかけがあったわけではないのですが、トマスの感情論のなかの、あるテクストとの出会いが大きなきっかけの一つであったことは間違いありません。

学生　それはどのようなテクストなのですか。

哲学者　ちょうど今日、お話ししようと思っていた「悲しみ」についてのテクストで、『神学大全』第二部の第一部第三八問題第二項「苦しみまたは悲しみは泣くことによって和らげられるか」という箇所です。

学生　タイトルだけを聞くと、そんなに肯定的なことが語られているようには思えないですね。

哲学者　そうですね。インスピレーションの源になるようなテクストが意外なところに見つかるということは、けっこうあると思います。

第三八問題は、「悲しみまたは苦しみの治療法について」と題されています。

以前お話ししたように、「愛」という感情については、まず第二六問題で愛の本質について論じてから、第二七問題で愛の原因について論じ、第二八問題で愛の結果について論じるという流れになっています。このように、ある感情の本質、原因、結果について別々に問題を立てて論じていくというのは、トマスのお決まりのやり方で、「喜び」「悲しみ」「恐れ」「怒り」についても、だいたいそうした感じの問題設定がなされています。

そうしたなかで、「悲しみ」についてのみ、他の感情では論じられることのない「治療法」という問題が独立して立てられています。「怒り」についても、第四七問題に「怒りの作用因について、そして怒りの治療法について」というタイトルがつけられている箇所がありますが、実際には、この問題のなかで、怒りの「治療法」についてはほとんど言及されないまま終わっています。

「悲しみまたは苦しみの治療法について」という第三八問題は、一見、ただの付け足しのようでもあります。悲しみの本質、原因、結果について論じている第三五問題から第三七問題のほうに話の中心があるのではないかという印象を与えるのです。じっさい、第三八問題の最後の項である第五項に至っては、「苦しみと悲しみは睡眠と入浴によって和らげられるか」と題されています。

学生 えっ、「入浴」で悲しみを和らげる？

哲学者 『神学大全』といういかめしい名前のついた哲学の書物のなかにあるとは思えないようなタイトルですよね。一応、そういうテーマについても論じておきましたよ、という程度の付録的な部分のようにも見えます。私も最初は、そんな感じの部分なのだろうと思って読み始めたのですが、結果的には、その第三八問題に、とても重要な洞察が含まれていたのです。

学生 どういう洞察か、ぜひ教えてください。

アウグスティヌスの「悲しみ」

哲学者 「悲しみ」を抱いているときに、涙を流すと、なぜか心が軽くなることがありますね。「苦しみまたは悲しみは泣くことによって和らげられるか」という項でトマスが問題にしているのは、多くの人が経験するこのような事態がなぜ生じるのかという理由についてなのです。

お渡しししているプリントのなかに該当部分がありますので、例によって音読してみてください。まず、「反対異論」を読んでみましょう。

学生 わかりました。

しかし、反対に、アウグスティヌスは『告白』第四巻において、友人の死について苦しんでいたときに、嘆きと涙のうちにのみ少しの安らぎがあった、と述べている。

哲学者　ありがとう。これは、アウグスティヌスの自伝的著作である『告白』に描かれている、若き日の有名なエピソードです。「自分の魂と彼の魂とは、二つの身体の中の一つの魂であったと私は感じました」とまでアウグスティヌスに言わせるほどの親友が突然熱病で亡くなってしまい、彼は「私が私自身にとって大きな謎となってしまいました」と語るほどの大きな衝撃を受けます。一心同体であった親友という大きな「善」が失われてしまうことによって、彼と深く結びついていたアウグスティヌス自身のアイデンティティが大きく揺らいでしまい、自分が誰であるのかわからなくなってしまう。そして非常に大きな「悲しみ」に陥ってしまう。そのときに、「嘆きと涙のうちにのみ少しの安らぎがあった」とアウグスティヌスは述べている。それをトマスは引用しているわけです。

学生　単にアウグスティヌスの言葉の引用を読むよりも、前後関係がわかると、なんだか奥行きが出てくるというか、理解が深まりますね。

哲学者　そうですね。「反対異論」であれ、「主文」であれ、アウグスティヌスや聖書やアリストテレスなどの言葉が引用されるとき、引用しているトマスは、引用されている部分のみではなく、その前後の文脈も含めて意識しているわけですから、その点に読者である我々も留意すると、理解が深まってくるのです。とりわけアリストテレスの著作の大部分、そして聖書のかなりの部分についてトマスは註釈書を書いていますから、関連する部分についてのトマスの註釈を読んでみると理解がぐんと深まることが多いのです。

学生　なるほど。そういう広がりがあるから、『神学大全』の研究者が世界中に山ほどいても、研究し尽くされるということがないのですね。

「言葉の経験」の重要性

哲学者　まあ、そういう言い方もできますね。そして、これはあくまでも私の推測ですが、トマスは、「苦しみまたは悲しみは泣くことによって和らげられるか」という問いに取り組むにあたって、「反対異論」に何を持ってこようかいろいろと考え、「そういえば、関係のありそうな一節が『告白』にあったな」と思い出して、この一節を引用した、ということではないと思います。

そうではなく、「悲しみ」について本格的に考えようとすると、どうしても浮かび上がってくる一節がある。キリスト教文学の古典中の古典であるアウグスティヌスの『告白』に出てくる、見事なまでの「悲しみ」についての体験的記述を手がかりにすると、「悲しみ」の一つの側面について理解をぐんと深めることができるのではないか。トマスの発想の順序はそうだったのではないかと思うのです。そこから「苦しみまたは悲しみは泣くことによって和らげられるか」という問題設定が出てきているのだと思います。

学生　アウグスティヌスは実体験に基づいて考えているのに、トマスは、他人の経験を素材に問いを立てているのだとすると、トマスのやっていることは二次的というか、二番煎じというか、そういうものになってしまわないでしょうか。

哲学者　そのような捉え方もあると思いますが、私は別の捉え方をしています。トマスにとっては、「言葉の経験」というものが非常に重要だったのだと思います。

学生　言葉の経験？

哲学者　これまでにどういう経験を積んできたかによって、その人がどういう人間であるかが決まる、ということがありますよね。そういう「経験」というのは、いわゆる「実体験」には尽きないと思うのです。書物を読んで、自分の心の奥底に深く留まる言葉と出会う経験、それを「言葉の経験」と私は呼んでいます。これまでにどういう「言葉の経験」を積んできたかによって、その人がどういう人間であるかが決まる、そんな側面が、人生には間違いなくあると思います。トマスは、そういう意味での「言葉の経験」が質量共にとても豊かな人だったと言えるでしょう。「悲しみ」という問題について深く考えようとすれば、そうした豊かな言葉の経験の蓄積のなかから、自ずとアウグスティヌスの言葉が浮かび上がってくるわけです。しかも、アウグスティヌスの実体験を単に要約的に紹介するような仕方ではなく、その言葉を手がかりにしながらも、トマス独自の問いを立て、独自の結論を導き出そうとしているのです。

学生　それで、どういう結論になっているのですか。

泣くことによって心が開かれる

哲学者　トマスによると、泣くことによって悲しみが和らげられることには二つの理由があります。せっかくですので、一つずつ丁寧に見ていきましょうか。さきほどの「反対異論」の次に置かれている主文を音読してみてください。

学生　わかりました。

涙と嘆きは、その本性上、悲しみを和らげる。このことは、二つの理由に基づいている。第一に、内に閉ざされた有害なもの（傷つけるもの）は、より多く傷つけるからである。というのも、その有害なものに関する魂の志向がより強められるからである。だが、その有害なものが外へと発散されるときには、魂の志向は何らかの仕方で外へと分けられ、その結果、内的な苦しみは弱められるのである。だからこそ、悲しみのうちにいる人が、泣くことによってか、嘆きによってか、または話をすることによってか、自らの悲しみを外に表現すると、悲しみは和らげられるのである。

哲学者　はい、そこまでで大丈夫です。細かく見ると、いろいろと解釈の厄介そうなところのあるテクストですが、大づかみに見れば、トマスの言っていることは明確だと思います。「悲しみ」というものは、人の心を閉ざす方向に向かいますね。「喜び」を抱いている人は、自ずと、その「喜び」が溢《あふ》れ出てきて、周囲の人ともその「喜び」を分かち合おうとする。それに対して、「悲しみ」を抱いている人は、自分の心を傷つけた何らかの出来事や善の喪失――アウグスティヌスの場合であれば友人という善の喪失ですね――に心がとらわれてしまい、場合によっては、外界の出来事に対する関心を失って、自分のなかに閉じこもってしまう。そして、そのことばかりに「魂の志向」、すなわち精神の注意が向かってしまい、悲しみがどんどん内向して心がどんどん閉塞していってしまう。まさに「悲しみ」に「陥る」という感じですね。一方で、「喜び」に「陥る」とは言わないわけです。

そうした悲しみの状況のなかで、体を震わせて泣くことができたら、心の向きも自ずと外へと向かい、極端に内向していた心のテンションがゆるくなり、和らぎ、多少とはいえ心のゆとりが持てるようになってくる。噛《か》み砕いて言えば、トマスが言っているのはそういうことだと思います。

学生　自分の経験と照らし合わせても、たしかにそういうことがあると思います。ところで、この主文にはまだ続きがありますが、残りの部分はあまり重要ではないのでしょうか。

心には自己回復力がある

哲学者　いいえ、反対です。むしろ、そちらのほうが重要なので、そこに入る前の話をとりあえずまとめておいたという感じです。さっそく、主文の残りの部分を読んでみてください。

学生　了解しました。

第二には、人間がそのうちに置かれているところの状態にふさわしい（適合した）はたらきは、その人間にとって喜ばしいものだからである。しかるに泣くことや嘆くことは悲しんでいる人や苦しんでいる人にふさわしいはたらきである。それゆえ、その人にとって喜ばしいものとなる。したがって、およそ喜びは悲しみや苦しみをいくぶん和らげるのだから、泣くことや嘆くことによって悲しみは和らげられる。

哲学者　ありがとうございます。

学生　少し難しい感じがするので、具体例に基づいて説明していただけないでしょうか。

哲学者　たとえば、大震災のように心に深い傷をもたらす出来事に遭遇した人がインタビューを受けていたりするのを見ていると、「震災から二週間経《た》って、少し落ち着いて、ようやく泣くことができるようになりました」というようなことを言う人がいます。「悪」に巻き込まれ、あまりに大きなショックを受けてしまうと、心が固まってしまい、普段の心の自然な動きができなくなってしまいます。悲しいことがあっても、泣くこともできなくなってしまうわけです。そういう人が、ある程度の時間が経ったり、人の温かい心に触れたりして、泣くことができるようになると、不思議なことに、そこにある種の心地よさが感じられる。「悲しいから泣く」という自然な心の動きができていること自体が、「悲しみ」に対する一種の癒やし、「悲しみ」の和らぎを与えていくのです。つまり、「悲しみ」を真に悲しむことができれば、その自然な心の動きそれ自体のなかに、「悲しみ」が自ずと和らぎ癒やされていくというはたらきが含まれている。人間の心には、このような自然な自己回復力が含まれているのです。

「笑い」は「喜び」を増幅させる

学生　その感情にふさわしいはたらきを為すとその感情が収まるというのは、「悲しみ」以外の感情にも当てはまることなのですか。

哲学者　そこが面白いところなのです。「悲しみ」は、通常私たちが抱きたくない否定的な感情ですね。それに対して、「喜び」は、通常誰もが抱きたい肯定的な感情です。この二つの感情を抱いているときのことを振り返ってみると、とても興味深いことがわかります。

「喜び」を感じたときの自然な反応は、「笑う」ことです。そして、「笑う」ことによって、「喜び」は抑制されるどころか、より増幅します。「悲しみ」を感じたときの自然な反応である「泣く」ことによって「悲しみ」が和らぐのとは対極的ですね。

ですので、肯定的な感情である「喜び」の場合にも、否定的な感情である「悲しみ」の場合にも、生まれてくる感情をありのままに受けとめて自然な反応をすると、自ずと心がより肯定的な方向に向かうようになっているのです。これを、人間の心の持っている「根源的な肯定性」と私は名づけています。

学生　なるほど。「泣くこと」が「悲しみ」の「治療法」だということの意味はおよそ理解できたと思います。人間は、生まれてくる感情をありのままに受けとめて自然にふるまうだけで、自ずと自己回復がもたらされるようにできているわけですね。この人間の心の持っている「根源的な肯定性」という観点はとても魅力的なものだと思います。

悲しみは喜びの原因であるか

哲学者　以前お話ししたように、トマスの考え方の特徴というか、西洋中世の哲学であるスコラ哲学の論じ方の特徴として、問題を徹底的に細分化するということがあります。そして、かなり密接に関連しそうな問題が、少し離れた箇所で論じられているということがしばしばあるのです。いま説明したのは、『神学大全』第二部の第一部第三八問題第二項「苦しみまたは悲しみは泣くことによって和らげられるか」という箇所でしたね。

トマスは、この部の第三一問題から第三四問題まで「喜び」について論じていて、第三五問題から第三九問題まで「悲しみ」について論じています。問題の並べ方は単なる思いつきのようなものではなく、非常に体系的なもので、「喜び」と「悲しみ」について、基本的に同様の問題が立てられています。

対応関係を順番に見てみると、第三一問題が「喜びそれ自体について」、第三五問題が「苦しみまたは悲しみそれ自体について」、第三二問題が「喜びの原因について」、第三六問題が「悲しみまたは苦しみの原因について」、第三三問題が「喜びの結果について」、第三七問題が「苦しみまたは悲しみの結果について」、第三四問題が「喜びの善さと悪さについて」、第三九問題が「悲しみの善さと悪さについて」です。この対応関係のなかで、先にも述べたとおり、第三八問題の「悲しみまたは苦しみの治療法について」のみが「喜び」の側には対応する問題を持っていません。これは、ある意味、自然なことですよね。なぜなら、「喜び」は特に癒やしたりする必要はないですから。他方で、「悲しみ」の場合は、毎日悲しんで気分が落ち込んでいるのは苦しいから、なんとか癒やす必要があるわけですよね。

なお、「悲しみ」について理解しようとする場合に、「悲しみ」が主題になっている箇所だけを読めばいいのかというと、実はそうではありません。「喜び」が主題になっている問題のなかで、「悲しみ」についての優れた考察が展開されたりしていることもあるからです。具体的に言うと、第三二問題の「喜びの原因について」の第四項「悲しみは喜びの原因であるか」において、今日ここまで説明したことと深く関係のある話が出てきます。

この項において、「悲しみ」から自然に出てくる「泣く」というはたらきが、「悲しみ」へのとらわれから人間の心を解放してくれるという、さきほど説明した話とは少し違う観点から、「悲しみ」のなかにある肯定的側面をトマスは浮き彫りにしています。さっそくですが、この箇所の主文を読んでみてください。

愛の記憶が「喜び」を生む

学生　わかりました。

悲しみは二通りの仕方で考察することができる。一つの仕方は、悲しみが現にあるかぎりにおいてであり、もう一つの仕方は、記憶のうちにあるかぎりにおいてである。そして、どちらの仕方においても、悲しみは喜びの原因でありうる。というのも、現にある悲しみは、愛されているもの――その不在を人は悲しむのであり、それを把捉《はそく》するだけで人は喜びを抱く――の記憶を活性化させるからである。

哲学者　ありがとう。トマスは、「悲しみ」を二種類に分けたうえで、まずは、いま実際に「悲しみ」という感情に襲われているときに、どういう仕方で「悲しみ」が「喜び」の原因になるかについて論じています。

ここを読んで私が思い出すのは、私が若い頃にとてもお世話になった神父さんの葬儀に出たときのことです。学生時代には毎週会っていましたが、晩年には、顔を合わせる機会もめっきり少なくなっていました。亡くなったという連絡を受け、葬儀に参列し、私は深い悲しみに陥っていましたが、ふと気づくと、もうあまり思い起こすこともなくなっていた様々な記憶がありありと甦ってきました。十代の終わりに初めて手紙を書いて話をしに行ったときのこと、読書会でキリスト教の基本を教わったこと、嬉しい報告をしたときのこと、意外な手紙をいただいたときのこと、そういったすべてのことが、ありありと甦ってきたのです。

お世話になった神父さんが亡くなってしまった「悲しみ」のただなかで、その神父さんに関わる記憶が、もう忘れていたようなことも含めてありありと甦ってくる。そのとき、私は、喪失の「悲しみ」のただなかで、彼の現存をそれまでになく強く感じ、言いようのない充実感を覚えました。それは、笑うような「喜び」ではないですし、もちろん「楽しい」というのとも相当違う感覚ですが、一種の「喜び」であったことに間違いありません。

学生　私も祖母が亡くなったときに似たような経験をしたことがあるので、その感覚はよくわかる感じがします。

「悲しみの記憶」の与える「喜び」

哲学者　では、主文の後半も読んでみましょう。

学生　了解です。

悲しみの記憶が喜びの原因になるのは、後にその悲しみから脱したことによる。というのも、「悪を免《まぬが》れていること」は善という特質を有するものとして受け取られるので、何らかの悲しみと苦しみから自らが逃れたと人が捉えることに基づいて、喜びの素材が彼にとって増大するのである。だからこそ、アウグスティヌスは、『神の国』第二二巻において、「しばしば我々は、喜びを抱きつつ悲しいことを思い出し、健康なときに、苦しいことを苦しみなしに思い出し、そのことによってより喜びを感じ、感謝の念に満たされる」と述べているのである。また、〔アウグスティヌスは〕『告白』第八巻において、「戦いにおける危険が大きければ大きかっただけ、勝利における喜びはそれだけ一層大きいであろう」と述べている。

哲学者　ありがとう。これは、そんなに難しくないですね。悲しかったときのことを、悲しみを克服してから思い起こすと、「悲しみを克服したこと」が「現在の善」として受けとめられ、「喜び」という感情が生まれてくるということです。

後半に具体例として紹介されているもののうち、最初の引用は実はアウグスティヌスの『神の国』からではなく、大グレゴリウス（五四〇頃〜六〇四）という教皇でもあった人物の『道徳論』という重要な著作からの引用なのですが、いずれにしても、私たちの経験に照らし合わせて、とてもわかりやすい話ですね。

重要なのは、トマスの説明の仕方です。前半の「「悪を免れていること」は善という特質を有するものとして受け取られる」という部分が鍵となる文で、特に「善という特質」という表現に着目してください。

「善という特質」

学生　「善という特質」というのは、特別な用語という雰囲気でもないですが、どうしてこの表現が重要なのですか。

哲学者　この表現は、トマスの感情論の様々な箇所で使われるキーワードの一つなのです。いや、「感情論」と限定する必要はないですね。トマスの人間論・倫理学における重要なキーワードなのです。何かが「善という特質」を有するものとして捉えられれば、「愛」や「欲望」や「喜び」といった「善」に関わる感情が生まれてきて、反対に、何かが「悪という特質」を有するものとして捉えられれば、「憎しみ」や「忌避」や「悲しみ」といった「悪」に関わる感情が生まれてくるのです。

学生　例によって、対象となるものごとの特質の「捉え方」次第で、それが「善」になったり「悪」になったりするというわけですか。

哲学者　そうです。以前もお話ししたように、感情というものは、事態が客観的にどうであるかというよりは、むしろ、本人が事態をどのように受けとめるかということに基づいて生じてくるのです。ですから、客観的に見れば志望校に合格する可能性がほとんどないような学力であっても、本人が「可能だ」と受けとめれば「希望」という感情が生まれてくるわけで、逆に第三者的に見れば合格する可能性が高いような学力の持ち主であっても、本人が「不可能だ」と受けとめれば「絶望」という感情が生まれてくるわけです。要するに、本人がその対象について、「善という特質」を有すると捉えるか、「悪という特質」を有すると捉えるかによって、生じる感情も異なってくるのです。

学生　なるほど。念のため、「絶望」と「希望」以外についても具体例を挙げて説明していただけないでしょうか。

「悪」は「愛」の対象になるか

哲学者　そうですね。それでは、ちょっと角度を変えて、「不正」について考えてみましょうか。

学生　えっ、「不正」なんて、読んで字のごとしで、さすがに「悪という特質」を有しているとしか捉えられないのではないですか。まさか「不正」のなかにも、「善という特質」が潜んでいるとでも言うのでしょうか。

哲学者　まあ、そう結論を急がず、トマス自身が具体例を挙げて説明している箇所を見てみましょう。『神学大全』第二部の第一部第二七問題第一項「善が愛の唯一の原因であるか」というところです。まずは、「異論一」を読んでください。

学生　はい、わかりました。

善のみが愛の原因であるのではないと思われる。というのも、善が愛の原因であるのは、それが愛されるからにほかならない。ところが、「詩篇」第十篇に「不正を愛する者は自らの魂を憎む」とあるのによれば、悪もまた愛されるということが起こりうる。そうでなければ、あらゆる愛がよいということになってしまうであろう。それゆえ、善のみが愛の原因であるのではない。

哲学者　この「異論」は、なかなか面白い「異論」だと思います。「詩篇」というのは、旧約聖書のなかに含まれている文書の一つで、古代イスラエルの人々が神に対して讃美と嘆きを歌い上げた詩です。そのなかに、「不正を愛する者は自らの魂を憎む」とあるわけです。

トマスはキリスト教の神学者ですから、聖書のなかに含まれている言葉について、「そんな言葉はどうでもいい」とか「聖書のなかにも間違ったことが書かれている」とは言わないわけです。そのトマスに向かって、この「異論」は、「トマスさん、あなたが依拠している聖書のなかに、〈不正を愛する〉という言い方が出てくるじゃないですか。〈正義〉ではなくて〈不正〉を愛するというのは、つまり、〈善〉でなくて〈悪〉を愛するということですよね。ということは、〈善〉のみが愛の対象になるのではなく、〈悪〉も愛の対象になるということですね」といわば詰め寄っているわけです。

学生　至極もっともな主張だと思います。言われてみれば、じっさい、現代の日本語でも、「不正を愛する」というような言い方はしますよね。でも、これが「異論」として扱われているということは、トマスの考えとは違うということですか？

哲学者　そうです。ただ、ここで誤解しないでいただきたいのですが、トマスが紹介する「異論」というのは、わざとしょぼい「異論」を用意して、あとでそれをボコボコにやっつけるといった感じの、藁人形《わら》のようなものではありません。むしろ、もっともなところのある「異論」を立て、そのよい点を充分に汲《く》み取ったうえで、その不充分な点を指摘し、よりバランスの取れた見方を最終的に提示しようとしているのです。

学生　なるほど。トマスにおける「異論」と「異論解答」がそういう在り方をしているという話は以前にも先生から聞いたことがありますが、今回の異論の鋭い指摘を見て、おっしゃるとおりだとあらためてわかりました。トマスがこの「異論」にどのように答えるのか、とても興味深いです。

悪は、善の観点のもとにでなければ愛されることはない

哲学者　では、さっそくトマスの解答を見てみましょう。「異論解答一」を読んでください。

学生　了解しました。

悪は、善の観点のもとにでなければ愛されることはない。すなわち、ある点において善いものであり、そして端的に善いものと捉えられるかぎりにおいてでなければ愛されることはない。こうして、端的に本当に善いのではないものへと向かっているかぎりにおいて、ある愛は悪しきものなのである。そして、不正によって、何らかの善――たとえば快楽や金銭やそういった類のもの――が獲得されるかぎりにおいて、人はこのような仕方で不正を愛するのである。

哲学者　はい、ありがとう。いま読んでいただいた「異論解答一」の冒頭の一文にすべてが凝縮されています。「悪は、善の観点のもとにでなければ愛されることはない」。この「善の観点のもとに」というのがキーワードです。これは、ラテン語では、sub《スブ》 ratione《ラチオーネ》 boni《ボニ》 となっています。さきほど、「悲しみの記憶」の話をしたさいに、「善という特質」という言葉が出てきましたが、実は、これは文脈に応じて少し訳し方を変えただけで、ラテン語では、ここで「善の観点」と訳したのと同じ言葉になっています。

学生　あ、そういうことですか。以前、「不倫の愛」の話を伺いましたが（九五頁）、その話ともつながってくる内容ですね。

哲学者　そうです。そして、さきほども言いましたが、トマスは、ここで「異論」の立場を全否定はしていないわけです。でも、全面的に肯定しているわけでもない。「不正を愛する者」という言い方で「詩篇」において言及されている人が、たとえば賄賂を受け取る役人だとしましょう。トマスによれば、こうした役人は、べつに「不正」という「悪」を愛しているのではないのです。そうではなくて、「不正」によって得られる「金銭」という価値のあるもの、すなわち「善」を愛しているわけです。

　この「異論解答」を読むさいに気をつけなければならないのは、トマスは、「金銭への愛」は「悪い愛」だと言っているのではないという事実です。正当な仕方で獲得される金銭への愛は、「善い愛」なのです。

「快楽」についても同様です。たとえば、以前も説明したように「不倫」を愛している人、つまり他人の配偶者と性的関係を取り結ぶことを愛している人は、「悪しき愛」を有しているということになりますが、それは、「性的快楽」というものが悪しきものであるからではないのです。よく「キリスト教は性的快楽を悪しきものとみなしている」というようなことが書かれている本がありますが、それはかなり一面的な理解だと言わざるをえません。「性的快楽」が悪しきものであるから「不倫」が悪しきものであるのではなく、「性的快楽」という「ある点において善いもの」を、その「ある点において」という限定を抜きにして追求しようとする在り方が悪しきものなのです。

役人と賄賂の話に戻ると、「金銭への愛」が善いものだといっても、無条件に善いものであるわけではない。ある限られた意味において善いものであるに過ぎない。そうであるにもかかわらず、「金銭」を「端的に無条件に善いもの」と見なし、不正を犯してまで獲得するようになってしまうと、その人は「不正を愛する」悪しき人だと言われてしまうわけです。でも、厳密に言えば、その人は、「不正」という「悪」を愛しているわけではなく、あくまでも、金銭という（ある限られた意味において）「善いもの」を目指しているわけです。これがトマスがこのテクストで指摘していることですね。

人間は、「悪」が「悪」であるがゆえにそれを愛するということはできない。倫理的に悪しきことを目指しているときでさえ、人間は、「善」を歪《ゆが》んだ仕方で追求していると考えざるをえない。それが、「悪は、善の観点のもとにでなければ愛されることはない」という一文の意味なのです。

学生　先生が前からお話しされている「善」の「悪」に対する優位性ともつながる話ですね。

哲学者　はい、その受けとめ方で結構です。人間がどれだけ悪しき在り方に陥ってしまったとしても、その悪しき在り方の根底には、何らかの善に対する愛がある。たとえ歪んだ仕方になっているにしても、何らかの善に対する愛から、その行為や発言が行われている。そのような枠組みで自分や他者のことを見直すと、いろいろなことをより積極的な観点から捉え直すことができるようになると思います。その「善に対する愛」を軸にしながら、歪んだ在り方を修正し、全体としてより善い在り方を構築し直していけばいい。人間にはそのような心の自己回復力が与えられている――そう考えるのが「肯定の哲学」なのです。

学生　ようやく先生の言わんとする「肯定の哲学」の意味がわかってきました。もっとお話をうかがいたいところですが、今日ももう遅い時間になってしまいましたので、またあらためて、続きをお聞かせください。

哲学者　わかりました。また来週、いつもの時間に来てください。

第七章　「愛」のうちに「喜び」がある

「感情」の身近さ

学生　先生のお話を一対一でじっくりお聞きすることができて、トマスが感情についてどのようなことを考えていたのか、おおよそのことがわかってきました。中世キリスト教世界の神学なんて、自分には全く無縁だと思いこんでいたので、トマスがとても身近な存在になってきていることに我ながら驚きを感じています。

トマスについて先生以外の研究者の解釈も知りたいと思ったので、概説書を何冊か手に取ってみたりもしました。すると、日本語の本では、「感情」というテーマが本格的に取り扱われているものは、先生の本の他には皆無だということがわかりました。他の本では、「神の存在証明」だとか、「存在論」「認識論」「創造論」といったテーマが取り扱われていました。「感情」というテーマに全く言及していないものさえあって……。いや、むしろ大半の本では、全く取り扱われていませんでした。

「感情」にひたすら焦点を当てて、そこに見出される「肯定の哲学」を強調する先生のお話は、非常に偏っているというか、トマスのほんの小さな一面を取り出したものに過ぎないのではないでしょうか。一面のみを取り出すことによって、結果的に、歪んだトマス像を流布させることになってしまっている可能性もあるという懸念を抱いたのですが、いかがでしょうか。

哲学者　トマスの話をするときに、「存在論」とか「認識論」から入ると、哲学に関心を持つごく一部の人以外は馴染みにくいので、私はなるべく「感情」の話から始めるようにしているのです。「感情」は、日常的に誰もが抱くものであり、とても身近なものですから。

たしかに、トマスの巨大な哲学・神学体系からすれば、「感情」というテーマはごく一部に過ぎないのかもしれません。しかし、そこを入り口というか窓口にすることによって、トマス哲学全体の根本精神を読み取ることができると私は考えているのです。

学生　その根本精神というのが、「肯定の哲学」なのですね。

哲学者　はい、そのとおりです。

心の動きの原点としての「愛」

学生　今のやり取りで、トマス研究者としての先生のスタンスがよくわかりました。ぜひ引き続き、感情論を軸にした「肯定の哲学」をお聞かせいただければと思います。

前回は、「心の自己回復力」という観点から、「悲しみ」と「喜び」についての話をうかがいました。特に後半の話を聞いているうちに、トマスの哲学において「愛」という感情がいかに重要か、あらためてよくわかりました。これまでにも「愛」についてはいろいろな観点から説明していただいていますが、重要な話がまだ残っているようでしたら、教えてください。

哲学者　了解しました。私のほうでも、「愛」についてもっと話したいと思っていたところです。

まずは、すべての心の動きの原点に「愛」があるというトマスの基本的な立場についてあらためて確認しておきたいと思います。前回は「悲しみ」を中心に取り上げましたが、それと対立する感情である「喜び」について考えてみましょう。以前挙げた例を思い出してみましょうか。誰かと結婚して「喜び」を感じるのは、その人を愛しているからですね。しかし、いろいろなことがあって、結婚式を挙げるときにはもうすでにその人に対する「愛」が冷めてしまっているとしたら、無事に結婚したとしても、さほど「喜び」は感じないという話をしたと思います。

学生　ええ、その話は覚えています。

哲学者　一方で、結婚相手に対する「愛」が冷めていたり、もともとさほど愛していなかったりしても、結婚して「喜び」を感じるという事例はいくらでも考えてみることができますね。たとえば、愛してはいないが収入のよい相手と結婚することができて「喜び」を感じるとか、「結婚できない人」と思われていたのに、無事に結婚することができて、相手に対する愛の有無にかかわらず、「喜び」を感じるとか。それでも、それらの「喜び」の根底には「愛」があるというのは、もうわかりますか？

学生　はい。「収入のよい相手と結婚することができた喜び」という事例について言えば、その相手と結婚した人は、「金銭」や「経済力」に対する「愛」を有していたからこそ、「収入のよい相手と結婚することができた喜び」を感じるわけです。また、「結婚できない人と思われていた」という事例について言えば、その人は、「世間体をよくすること」に対する「愛」を有していたからこそ、結婚できたことに対する「喜び」を感じるわけですね。

「愛」と「喜び」の深い関係

哲学者　そのとおりです。日本語で「愛」と言うと、どうしても「恋愛」のような特定の愛をイメージしがちですし、また、哲学の授業で「愛」の話をすると、「隣人を愛しなさい」といった道徳的なメッセージだと受けとめられがちです。ですが、トマスにおける「愛」とはそのようなものではありません。少なくともそのようなものに尽きるものではないのです。人間が何らかの感情を抱き、何らかの行動をする、その原点にあるのが「愛」という感情です。このことを理解できれば、トマスの哲学はかなりわかりやすくなるはずです。

学生　様々な感情や行動の原点にあるのが「愛」という感情だという点については、これまでの説明で大体わかりました。

ですが、原点にあるからといって、最も重要ということには、必ずしもならないのではないでしょうか。そういう意味で、「愛」をあまりにも重視しているように見える先生の考え方というか、トマスの考え方には、どこか納得しきれないものを感じてしまうのです。

　私個人について言えば、最も重要な感情は、「愛」というよりは、「喜び」だと思います。つまらないことや退屈なことや悲しいことなどが多い毎日のなかで、ときに感じることのできるささやかな「喜び」こそが、私の人生に潤《うるお》いを与え、生きがいを作り出してくれていると思うのです。したがって、「愛」を語るより、もっと「喜び」を得る方法について議論のフォーカスを合わせていただいたほうがありがたいような気がします。

哲学者　「喜び」が極めて重要な感情だという点に関しては、全く異論がありません。そして、だからこそ、「愛」が重要だというのがトマスの立場なのです。

学生　それはわかっています。「喜び」の前提として「愛」が必要だという、これまでも何度もうかがった話ですよね。

哲学者　いいえ、それだけではないのです。実は、「愛」と「喜び」のあいだには、愛する対象を獲得することができたら「喜び」が生まれてくるというだけではなく、もっと深いつながりがあるのです。

学生　どういう意味でしょうか。

哲学者　愛する対象の獲得によってはじめて「喜び」が生まれてくるのではなく、愛することそのもののうちに「喜び」があるのだという観点が、トマスのなかにはあるのです。

二つの「一致」

学生　もう少し詳しく説明してください。

哲学者　では例によって、トマスのテクストを一緒に読みながら話を進めていきましょう。プリントのなかにある、『神学大全』第二部の第一部第二八問題第一項「一致は愛の結果であるか」という箇所の主文を読んでみてください。とりあえず、傍線の引いてある部分をお願いします。

学生　わかりました。

　愛する者の愛されるものに対する一致は二通りである。一つは実在的なものであり、すなわち、愛されるものが愛する者に、現在的な仕方で現存している場合である。もう一つは、心の在り方に基づいたもの（secundum affectum《セクンドゥム アフェクトゥム》）である。〔……〕

　愛は、第一の一致を、作用因的な仕方で（effective《エフェクティーヴェ》）作り出す。なぜならば、愛は、愛されているものの現存（praesentia《プラエセンティア》）を、自らにふさわしく（conveniens《コンヴェニエーンス》）、そして自らに属しているものとして欲求し尋ね求めることへと〔人を〕動かすからである。他方、愛は、第二の一致を、形相因的な仕方で（formaliter《フォルマリテル》）作り出す。というのも、愛そのものがそうした「一致（unio《ウニオ》）」であり「絆（nexus《ネクスス》）」だからである。

　だからこそ、アウグスティヌスは『三位一体論』第八巻において、「愛とは、いわば、ある二つのもの、すなわち愛する者と愛されるものとを繋《つな》いでいる、または繋ごうとしている

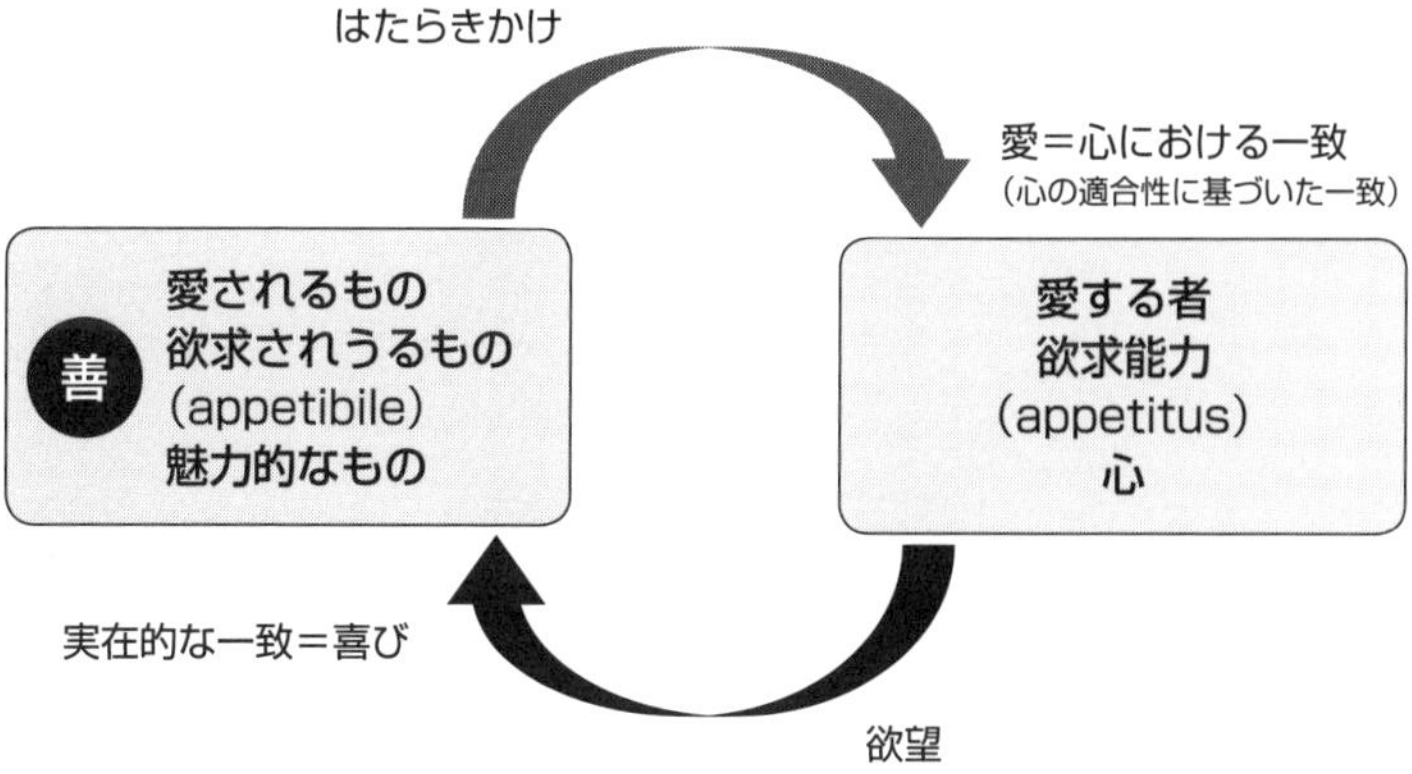

二つの「一致」

ある生命である」と述べているのである。「繋いでいる」とアウグスティヌスが言っているものは、「心における一致（unio affectus《アフェクトゥス》）」――それなしには愛は存在しない――へと関係づけられ、他方、「繋ごうとしている」と言っているものは、「実在的な一致（unio realis《レアーリス》）」に属している。

哲学者　ありがとう。とても重要な箇所なので、少し長めに読んでもらいました。ここでトマスは、「一致」を二つに区別しています。プリントに、「二つの「一致」」という図を載せておきましたので、それを見ながら話を聞いてください。

一目瞭然だと思いますが、この図は、前に「「愛」の成立構造」というタイトルで紹介した図と、ほとんど同じものです。図そのものは同じで、そこに書いてある言葉を少し変えたものになっています。「実在的な一致」というのは、特に難しい話ではありません。「魅力的なもの」に心を打たれて「愛」を抱いた私が、「欲望」を抱いてその「魅力的なもの」を手に入れようと頑張った結果として、実際にそれを手に入れる。そのときに、「喜び」という感情が生まれてくる。この話はすでに「「愛」の成立構造」で詳しくしましたね。そのときには「一致」という言葉は出てきませんでしたが、いま読んでもらったテクストは、ある意味、「「愛」の成立構造」の図を、別の観点から説明し直したものと言うことができます。

「実在的な一致」について、このテクストでは、「愛されるものが愛する者に、現在的な仕方で現存している場合」と言われていますが、「愛する者」が、「愛されるもの」すなわち自らの愛している「魅力的なもの」を手に入れて、いま現在すでに、自分の手元にその「魅力的なもの」が存在している状態、それが「実在的な一致」と呼ばれているものです。

この点を理解するのはさほど難しい話ではないと思います。ですが、いま読んでいるテクストの肝《きも》は、この「実在的な一致」よりは、むしろ、「心における一致」のほうにあると私は理解しています。

「心における一致」とは何か

学生　「心における一致」とはどのようなものなのですか。

哲学者　繰り返しになりますが、「欲求されうるもの」からのはたらきかけを受け、心が揺り動かされ、「愛」という感情が生まれてくる。そうした出来事が起こるさいに生じている心の状態について、トマスは、様々な表現を使って形容しようとしています。「欲求されうるものから被《こうむ》る欲求能力の第一の変化」という言い方についてはすでに紹介しましたが、他にも、「愛されるものの刻印（impressio《インプレッシオ》）」という言い方があります（『神学大全』第一部第三七問題第一項）。これはなかなか魅力的な言い方だなと私は思っています。

愛はどのような仕方で生まれてくるのかという話を、この「刻印」という言葉を使って、あらためて説明し直してみましょう。

君が恋愛をして、誰かのことを好きになるという場面を考えてみます。大学に入って、語学で同じクラスになったAさんの魅力に心を打たれ、Aさんのことを好きになる。そうすると、君は、Aさんが眼の前にいなくても、Aさんのことを思い浮かべてしまうでしょう。君の心の中に、Aさんが住み始めるわけです。トマス的な言い方をするならば、Aさんが君の心に「刻印」されてくるわけです。

学生　「刻印」というのは、とても強い言い方のような気がします。

哲学者　はい。この言葉がどんなふうに使われているか、ネットで調べてみると、「幼児期に刻印された心象」とか「結婚指輪の刻印」というような例がありますし、『日本国語大辞典』（第二版）には、「利休の仕事は、五山文学と同じ時代精神の刻印を受けている」という加藤周一の文章が引用されていたりもします。

どの例の場合でも、一度刻印を受けると、もう簡単には消せないような仕方で、自分の心身や持ち物に決定的で持続的な影響を及ぼすことになります。もはや、その刻印なしには、そのものをそのものとして考えることはできないような仕方で、「刻印」は「刻印を受けるもの」の一部となるわけです。「愛されるものの刻印」とはそういうことです。

学生　愛の対象は人でなくてもいいのですよね？

哲学者　はい。以前にも例に挙げたように、たとえば、君が通学の途中にふと立ち寄った喫茶店で、ある音楽が聞こえてくる。そして、その音楽に強く心を揺り動かされる。そうすると、喫茶店を出て大学に来てからも、その音楽が心の中で深く鳴り響き続けていることに君は気づく。その音楽が君の心の中に住むようになったわけです。

これらの例に共通しているのは、魅力的な何かによって君の心が深く揺り動かされて、その何かが君の心の奥深くに刻み込まれ、住み始めるという点です。このような状態のことを、トマスは、「心における一致」と呼んでいるわけです。

「実在的な一致」のほうが重要？

学生　「心における一致」の意味するところは、よくわかりました。でも、「愛されるものの刻印」という言い方のほうがよほどわかりやすい感じがします。「実在的な一致」のほうは、まさに「一致」という感じがしますが、「心における一致」については、たしかに「一致」と言えなくもないな、といった程度の印象です。べつにこれをわざわざ「一致」と言う必要はないのではないでしょうか。

哲学者　その疑問はもっともだと思います。しかし、実は、この二つの一致をセットで論じるところに、トマスのとても重要な洞察が隠されているのです。例によって、具体例に基づいて考えてみましょう。

「二つの「一致」」の図をもう一度見てください。図の左側に「愛されるもの」があり、右側に「愛する者」がありますね。「愛されるもの」のほうの「もの」はひらがなで書いていて、「愛する者」の「者」は漢字で書いていることには、理由があります。「愛する者」、すなわち「愛する主体」については、事物ではありえないので、「者」という漢字を使っています。他方、「愛されるもの」は、人の場合もあるし、事物の場合もありうるので、「もの」とひらがなにしているのです。

学生　なるほど。そういうことだったのですね。

哲学者　はい。ですが、ここでは、「愛されるもの」のほうについても、人を例にとって説明してみましょう。これまでにも何回か使った、誰かのことを好きになって結婚するという例で考えてみます。同じ例を使って説明を続けていると、話が少しずつ深まってきているのが理解しやすくなると思うのです。

「愛されるもの」が君の恋人であるAさんで、「愛する者」が君だとしましょう。何かのきっかけでAさんの魅力に衝撃を受けた君の心は、Aさんによって刻印され、変化させられます。もはや、Aさんと出会ってしまったことを抜きにしては自分のことを定義することができないような仕方で、Aさんが君の心の中に入ってくる。すなわち「心における一致」が起こるわけですね。

ところが、君の想いはまだまだAさんに受け入れられていない。いや、それどころか、Aさんのほうは、君がそのような想いを持っているということに気づいてすらいないかもしれない。それでも、かなりの時間をかけて少しずつ親しくなり、告白し、付き合い始め、そしてついには結婚しようという話になる。すなわち、「実在的な一致」に至るとしましょう。

学生　それはハッピーな展開ですね。

哲学者　でも、結婚しようということになってから、式場を決めたり、招待客を選んだり、住む場所を検討したりするなかで、喧嘩ばかりするようになり、もううんざりだという気持ちになってしまう。しかし、もう招待状も送ったし、いまさらやめるわけにもいかないという感じでそのまま式を挙げて結婚する。そんな感じで結婚して、ハッピーですか。

学生　当然、ハッピーではないです。

「心における一致」の積極的な意義

哲学者　そうですよね。二つの「一致」のうちで、私たちはどうしても「実在的な一致」ばかりに目が向いてしまい、ともすれば「心における一致」を軽視したり疎《おろそ》かにしてしまいがちです。しかし、「心における一致」というのは、「実在的な一致」が実現するはるか手前の、単なる主観的な準備段階にとどまるものではありません。Aさんとの事例で言えば、「心における一致」は、心の中の独り善がりな片想いに過ぎないわけではなく、それ以上の重要な意味を持つのです。

たとえ表面的には「実在的な一致」が実現していたとしても、君の心の中におけるAさんへの思いが冷めていたならば、そんな「一致」には、積極的な意味、実質的な意義はほとんどないですよね。いわば気の抜けたビールのようなものです。そして、「気の抜けたビールなんて、そもそもビールとは言えないよ」という言い方が可能なように、「「心における一致」の伴わない「実在的な一致」なんて、そもそも「実在的な一致」とは言えないよ」という言い方もできます。「心における一致」は、「実在的な一致」が実現しさえすればもはや不要になるような一時的なものではなく、「実在的な一致」に真の意義を与える持続的な原理なのです。

哲学のテクストとの「勝負」

学生　「心における一致」が伴わない「実在的な一致」には意味がないように、「愛」を抜きにして「喜び」を得ることだけにフォーカスを当てても仕方がないということですね。「心における一致」は、まさに、先生が今おっしゃったような「心の中の単なる片想い」とか「「実在的な一致」が実現するはるか手前の、単なる主観的な準備段階」に過ぎないだろうと思ってこれまでの話を聞いていたので、驚きました。

「愛」は、これまでの先生のお話全体の中心となる概念なのに、その役割をきちんと理解していなかったということは、私のこれまでの話の聞き方がよくなかったというか、哲学を学ぶのにあまり向いていないというか、そういうことになるのでしょうか。

哲学者　いえ、これまでトマスのテクストを少しずつ一緒に読んできましたが、そんなことはないと思います。もともと哲学のテクストというものは、最初からすべてを正確に理解できるようなものではありませんし、もしすべてをすんなり理解できてしまったなら、そのテクストには新たな発見や学びを得られる要素が何も含まれていなかったということになってしまうでしょう。

不正確な理解や不十分な理解を含みつつも、とりあえず、わかる範囲で理解しながら、テクストを読み続けていく。そうすると、これまでの理解では立ち行かなくなってしまうような新たなテクストに出くわす。まさに、いま君が出くわしたテクストのようにです。こうなると、どうしても、それまでの理解を修正せざるをえなくなるというか、修正するための絶好の機会が与えられるわけです。逆に、なんとなく読み飛ばしてしまい、その機会を逃してしまうこともあるわけです。

その意味で、新たなテクストとの出会いは、一種の「勝負」と言えるかもしれません。自分のそれまでの理解の枠組みのなかにそのテクストを無事に収めきることができるか否かの勝負をするということですね。

この勝負において重要なのは、単に勝つことではありません。負けっぷりのよさも重要です。それまでの自分の理解の枠組みでは捉えきれないことがあるという事実に気づかせてくれるテクストときちんと向き合うことができれば、すぐに解決はつかないとしても、新たな視界、より広くて深い視界を切り開いていく絶好の機会になるわけですから。

「片想い」の喜び？

学生　なるほど。これまでのようなやり方で新たなテクストの解読を続けていけばよいのだとわかり、安心しました。それでは「心における一致」の続きを聞かせてください。

哲学者　これまでの説明で、「実在的な一致」だけではなく、「心における一致」もまた「一致」と呼ぶ意味があるということはすでにおわかりいただけたのではないかと思います。でも、実はもっと重要な点の説明が残っています。

学生　そうなのですか。

哲学者　はい。「実在的な一致」が実現すると、「喜び」という感情が生まれてくるという話は、すでにしましたね。

学生　はい。

哲学者　この「一致」が「喜び」を生むという構造は、「実在的な一致」にしかあてはまらないのではなく、「心における一致」にもあてはまるということが、トマスのテクストから読み取れるのです。

学生　でも、そうすると、片想いにも「喜び」があるということになってしまいませんか。

哲学者　まさに、片想いにも「喜び」があるという話なのです。もっとも、トマスは「片想い」という例を挙げているわけではありませんが。

学生　もっと詳しく説明してください。

「気に入ること」の重要性

哲学者　わかりました。とても重要な話なので、「片想い」という例に限定せずに、もう少し視野を広くして説明したいと思います。以前、愛がどのような仕方で生まれてくるのかという話をしたさいに、次のようなテクストをご紹介したのを覚えていますか。

欲求されうるもの（appetibile《アペティービレ》）が、欲求能力（appetitus《アペティートゥス》）に、まず自らへの適合性――欲求されうるものが気に入ること（complacentia《コンプラケンティア》）――を与えるのであり、そこから欲求されうるものへの運動が続くのである。

これは、一言で言うと、「愛」とは「欲求されうるものが気に入ること」だと語っているテクストだとまとめることができます。この「気に入る」ということは、私たちの人生にとって、とても重要な意味を持っています。

学生　「気に入る」というのは、どちらかといえば気軽な心の動きで、哲学の対象になるようなものではなさそうですが……。

哲学者　哲学は、べつに、小難しいことを論じることを目的にしているのではないのです。身近なものごとを真に深く理解しようとすることから、真に偉大な哲学は生まれてくるのです。

学生　哲学、とりわけ先生の研究されているキリスト教の哲学は、普通の日常からかけはなれた高尚なことを論じるものかと思っていました。

哲学者　その捉え方が完全に間違っているとは思いませんが、そうした方向のみで理解すると、かなり一面的な捉え方になってしまうと思います。

学生　わかりました。では、「気に入る」ことはなぜ重要なのでしょう。

哲学者　私たちは、この世界において実に多様なものと日々触れ合いながら、生活しています。その一つ一つの事物が「気に入る」かどうかは、生きていくうえで、とても重要なことだと思います。多くの場合、何かを気に入っているということをとりたてて意識していないかもしれませんが、私たちの「普通の日常」は、実は「気に入ること」によって支えられていると言っても過言ではありません。

具体例を挙げて考えてみましょうか。朝、カーテン越しに差し込んでくる温かな太陽の光を浴びながら、目が覚める。もう少しベッドのなかでまどろんでいたいなと思いつつも起き上がり、一杯のコーヒーを飲む。そして、昨晩読んでいた小説の続きを読んでから、朝食をとる。そんなことをするうちに、少しずつ活力が出てきて、今日も頑張って仕事をしよう、という思いが湧き上がってくる。

こんなありふれた日常に、ちょっとした亀裂が入ると、私たちの日常のリズムは、案外簡単に乱されてしまいますね。天気が悪く、ここ何日も、朝の太陽の光を浴びていない。ベッドが壊れてしまい、ソファーで一晩を過ごさざるをえなくなってしまう。いつものコーヒー豆を切らしてしまった。最近は、「いいな」と思える小説に出会えていない、などなど。そうした些細なことの積み重ねのなかで、心身のバランスを失ってしまうようなことも起こってきたりします。
こういうことがあると、私たちは、「普通の日常」というものが、いかに多くの「気に入ること」によって支えられているのかということに気づかされます。自分に合うもの、適合するもの、気に入るもの、そういったものに取り巻かれることが、私たちの「普通の日常」を支えているのです。

学生 言われてみると、たしかにそのとおりですね。

哲学者 「気に入ること」と訳されているのは、complacentia《コンプラケンティア》というラテン語の名詞です。そして、complacentia は、complaceo《コンプラケオー》という動詞に由来します。この動詞は、「喜びを与える」とか「喜ばせる」を意味する placeo という動詞に、com という接頭辞をつけて意味を強めたものです。AがBを「喜ばせる」ということは、つまりは、AがBに「喜ばれる」ことですから、「喜ばれる」と訳すこともできますし、「気に入られる」などと訳すこともできます。
complacentia という名詞を、「気に入ること」と訳すと、「私が何かを気に入る」という能動的なニュアンスが強くなると思いますが、語義通りに訳すと、むしろ、「〔何かが誰かを〕喜ばせること」という意味になります。
トマスは、「愛」のことを、「欲求されうるものが気に入ること（complacentia appetibilis《アペティービリス》）」とか「善が気に入ること（complacentia boni《ボニ》）」と定義していますが、少し別の角度から訳し直すと、「欲求されうるものが〔私を〕喜ばせること」「善が〔私を〕喜ばせること」となります。いわば、この世界のなかにある対象の側がイニシアティブを取って私を喜ばせてくるというわけです。この世界には様々な魅力的なものが充ち満ちていて、それが私たちの心を触発し、「愛」という感情を生んでいくのです。

学生　なるほど。なかなか興味深い見方ですね。そのように理解すると、結局、「片想い」の喜びとは、どういう話になるのでしょうか。

愛という喜び

哲学者　一言で言えば、「愛という喜び」という話になります。

学生　なんだか、通俗的な歌の歌詞みたいですね。

哲学者　むしろ、俗っぽく響くということが、この「愛という喜び」という観点の普遍性を指示しているのだと思います。

学生　詳しく説明してください。

哲学者　たとえば、君が大学に入ったけれども、心に訴えかけてくる講義が一つもない。語学でクラス分けが行われたけれども、ろくなやつがいない。サークル活動の見学会もいろいろと行ったけれども、心を動かされるサークルが一つもない。とにかく心に訴えかけてくるもの、「いいな」と思えるものが何もないとすればどうでしょうか。

学生　もしもそんな状態に置かれてしまうとすれば、大学に通うことも億劫《おっくう》になってしまうでしょうね。

哲学者　でも、同じクラスに、たとえ一人でも、「この人と親しくなりたい」と思わせるような人、気に入る人、好感を抱かせる人がいたならば、状況はかなり違うものになりますね。たとえまだ何の交流も生まれていないとしても、そういう人がいるというだけで、君の心は生き生きとしてくると思います。

「愛」とは、いわば、この世界と私とをつなぐ「絆」のようなものなのです。この世界のなかに、私の心と響き合う何かがある、いいなと思える誰かがいる。たとえ手に入れることはできなくても、今はまだ手に入らなくても、素敵だなと思える人やものと出会えていること自体が、一つの達成なのです。

学生　つまり、たとえ「片想い」でも、魅力的だと思える人がいるということ自体が「喜び」だということですか。たしかに、この世界の誰にも魅力を感じることができないという状況よりはマシかもしれません。でも、自分の経験を振り返ってみても、「片想い」はつらいものだと思いますけど……。

哲学者　では、ちょっと違う例を考えてみましょうか。たとえば、私は本が好きなので、よく書店に立ち寄ります。大きな書店に行って、いろんな棚を眺めていると、自分が本を見つけたというよりは、本のほうが私を見つけてくれたというか、私に語りかけてきてくれたというか、とにかく、向こうから私の目に飛び込んできて、「まさにこういう本を探していたんだ」という経験をすることがあります。ところが、その本の値段がとても高かったり、または忙しすぎて読む時間を作れそうもなかったりで、実際はそれらの本を購入せずに帰ることも多いわけです。それでも私がつい書店に立ち寄ってしまうのは、いいなと思える本と出会えることそのものが、「喜び」を与えてくれるからでしょう。いわゆる「積《つ》ん読《どく》」の「喜び」というのも、そういうところにあるのかもしれません。

「気に入る」こと、好きになること、「愛」を感じること、そのような感情を抱けるということ自体が、ある種の「喜び」を与えてくれるわけです。

二つの「喜び」の相違

学生　具体例に基づいて詳しく説明していただけて、よくわかりました。たしかに、まだ友達にも恋人にもなっていないけれども、いいなと思える人、好感を与えてくれる人がいるだけで、心の張り合いのようなものが大きく変わってくると思います。

その意味において、何かを、または誰かを「気に入る」ことそのもののうちに含まれている爽快感というか、心を浮き立たせる感じというか、それはとてもよくわかります。

と同時に、でも、それは「実在的な一致」に基づいて生まれてくる「喜び」とはなにか違うのではないかという気もするのですが、どうでしょうか。

哲学者　そうですね。「いいな」と思って「好感」を抱くこと、すなわち「心における一致」によって生まれてくる「喜び」と、実際にそのものを獲得すること、すなわち「実在的な一致」によって生まれてくる「喜び」には、当然、違いがあります。あえてわかりやすく言い換えると、「実在的な一致」は「達成の喜び」「実現の喜び」で、「心における一致」は「出会いの喜び」と言うことができるかもしれません。

学生　なるほど。それはイメージしやすいですね。

哲学者　ただ、この言い換えは、あくまでも、一面を捉えたものに過ぎないということも念頭に置いておく必要があります。「出会いの喜び」と言ってしまうと、「いいな」と思えるものと巡り逢った瞬間の喜びのみを意味していると受け取られやすいと思うのです。でも、すでに述べたように、「心における一致」は持続的なものですから、いわば、何かと持続的に出会い続けていくこと、その原点として「愛される対象」からの決定的な「刻印」がなされること、それが「心における一致」なのです。

学生　よくわかりました。今日は、「愛」についての新たな理論を聞いたというだけではなく、自分の心の中に何が「刻印」されているのか、自分はどのような対象に対して「心における一致」を抱いているのかを捉え直すための様々な手がかりを与えられたような思いがします。「愛」について重要な話が更にあるようでしたら、次回ぜひ聞かせてください。

哲学者　はい、もちろん。次回も「愛」についての話を深めていきましょう。

第八章　「もう一人の自分」と出会う

愛するとは、ある人のために善を望むことである

学生　最近は毎週、先生からトマスの話を濃密に聞いているせいか、ついTwitter《ツイッター》でも「トマス・アクィナス」と検索してみたりしてしまうのですが、トマスの言葉としてしばしば引用されている言葉がありました。

哲学者　どういう言葉ですか。

学生　「誰かを愛するということは、その人に幸福になってもらいたいと願うことである」という言葉です。

哲学者　ああ、それですか。実は私の知っているかぎり、そのとおりの言葉はトマスのテクストのなかには見出されないのですが、とても似た言い回しは、ある程度の頻度で出てきます。

学生　トマス自身はどのように言っているのですか。

哲学者　「愛するとは、ある人のために善を望むことである（amare《アマーレ》 est《エスト》 velle《ウェレ》 alicui《アリクイ》 bonum《ボヌム》）」という言い方です。

学生　「幸福」ではなくて「善」なのですね。

哲学者　そうです。とはいえ、結局、「最高の善」は「幸福」だとトマスは考えますから、その意味においては、それほどずれていないとも言えます。せっかくなので、この言葉が出てくるテクストを読んでみましょう。『神学大全』第二部の第一部第二六問題第四項「愛は、適切な仕方で、友愛の愛と欲望の愛に分けられるか」という箇所の主文を読んでください。

学生　わかりました。

> 哲学者〔アリストテレス〕が『弁論術』第二巻で言っているように、愛するとは、ある人のために善を望むことである（amare est velle alicui bonum）。かくして、愛の運動は二つのものへ向かう。すなわち、（一）人が誰か――自らまたは他者――のために望む善へ、そして、（二）その人のために善を望むところのその人へと向かう。それゆえ、誰かが他者のために望むところの善に対しては「欲望の愛（amor《アモル》 concupiscentiae《コンクピスケンティアエ》）」が持たれ、他方、誰かがその人のために善を願うところのその人に対しては、「友愛の愛（amor amicitiae《アミキティアエ》）」が持たれる。

アリストテレスの『弁論術』

哲学者　はい。そこでいったん区切りましょう。いま読んでいただいた部分からは、読み取るべき重要なことがいろいろあります。

まず、「愛するとは、ある人のために善を望むことである」というのは、トマスがゼロから編み出した表現ではなく、もともとは、アリストテレスの『弁論術』第二巻（第四章）の冒頭において述べられている言葉に由来します。アリストテレスの言葉そのものの引用ではなく、アリストテレスが述べていることを簡潔に要約したような形での紹介になっています。実は、アリストテレスの『弁論術』は、トマスの感情論において最も頻繁に引用または援用される書物の一つなのです。

学生　感情を論じるのに、なぜ『弁論術』がそんなに引用されるのでしょうか？

哲学者　不思議に思うかもしれませんが、理由は単純です。弁論術とは、どのようにして説得力のある議論を組み立て、聞き手または読み手を説得するかということを学ぶ学問ですが、人をうまく説得するためには、こう議論を組み立てれば人の感情はこう動くということを熟知している必要があるわけですね。ですので、『弁論術』のなかでは、感情について実に豊かな論述が繰り広げられているのです。

学生　なるほど、腑《ふ》に落ちました。

哲学者　もっとも、トマスは、単にアリストテレスの言っていることを反復しているだけではありません。アリストテレスに由来する「愛するとは、ある人のために善を望むことである」という命題を綿密に分析することによって、アリストテレスが明示的に述べてはいない豊かな洞察を導き出そうとしているのです。

学生　さきほど読んだトマスのテクストでは、冒頭のアリストテレスの命題の部分はわかった気がするのですが、後半の方はなんだかごちゃごちゃしていてよくわかりませんでした。

「愛」には二つの対象がある

哲学者　大丈夫です。順を追って説明しましょう。トマスは、このテクストの後半で、アリストテレスには出てこない、「友愛の愛」と「欲望の愛」の区別の話をしています。

学生　なんだか突然、この区別が出てきたように見えるのですが。

哲学者　たしかに、そう見えないこともありません。ですが、必ずしもそうではないのです。「愛するとは、ある人のために善を望むことである」という文を丁寧に分析することによって、人間が「愛」を抱くさいには、実は、対象が二つあるということをトマスは明らかにしているのです。

学生　愛の対象は「善」だったのではなかったでしょうか。

哲学者　はい、安心してください。その話と矛盾はしません。ここではトマスはその点についてあまり詳しく説明してくれていないので、ちょっと別の箇所を合わせて読んでみましょう。『神学大全』第二部の第一部第四六問題第二項「怒りの対象は善であるか、それとも悪であるか」という箇所です。

学生　えっ、「怒り」に話が飛ぶのですか。

哲学者　いえ、そういうことではありません。トマスにはしばしばあることですが、意外なことを意外なところで詳しく書いているのです。今の話で言えば、「愛」に関する重要な話が、「愛」について詳しく論じているところではなく、「怒り」についての箇所に出てくるわけです。「愛」に直接関係するところを主文のなかから抜き出してあるので、読んでみてください。

学生　わかりました。

我々が誰かを愛するのは、その人に何らかの善が内在することを望むかぎりにおいてであり、他方、我々が誰かを憎むのは、何らかの悪がその人に内在することを望むかぎりにおいてである。〔……〕愛が関わる二つの対象のどちらも善である。というのも、愛する者は善を誰かに――自らに適合する者である誰かに――望むのだからである。他方、憎しみが関わる二つの対象のどちらも悪という特質（ratio《ラチオ》）を有している。というのも、憎む者は悪を誰かに――〔自らに〕不適合である誰かに――望むのだからである。

「友愛の愛」と「欲望の愛」

哲学者　はい、ありがとう。愛には二つの対象があって、そのどちらも善だとトマスは述べています。

そして、この「二つの対象」という話が、さきほど出てきた「友愛の愛」と「欲望の愛」の話とつながってくるのです。「愛する者は善を誰かに――自らに適合する者である誰かに――望む」とトマスは言っていますが、この「誰か」に対して持たれる愛が「友愛の愛」で、その「誰か」に対して望まれる「善」に対して持たれる愛が「欲望の愛」です。

学生　すみませんが、何だか込み入っていて、よくわかりませんでした。具体例を挙げて説明していただけますか。

哲学者　たとえば、誰かが恋人に花を贈るとします。その場合、その人は、「恋人」に対して「友愛の愛」を有し、「花」に対しては「欲望の愛」を有していることになります。

学生　「恋人」に対して「友愛の愛」が持たれているというのはわかりやすいですが、「花」に対して「欲望の愛」が持たれているというのは、少しわかりにくい感じがします。

哲学者　恋人に「花」を贈ろうと思うのは、その「花」に対して「いいな」という好感、すなわち「愛」を持っているからですよね。好感を抱いていない対象、その意味で「愛」を抱いていないようなものを恋人に贈ろうとは思わないわけですから。

学生　それはわかりますが、恋人に贈る花に対して抱かれている「愛」が「欲望の愛」と呼ばれるというのは、言葉遣いとして少し違和感があります。なんだか、「欲望の愛」という言葉からは、何かを自分のために手に入れてやろうという、自己中心的な態度のようなものを感じるのですが。

哲学者　その印象はよくわかります。じっさい、専門家が書いている論文でも、この二つの概念について、不正確な説明が為されていることがけっこうあります。誰かが誰かを愛するさいに、本当に相手のことを思って献身的に愛を注いでいる場合の愛が「友愛の愛」であり、他方、相手から快楽や利益を得ることを目的にしているような自己中心的な愛が「欲望の愛」なのだ、と説明されることがあるのです。文脈に応じてそれに近い意味になることもあるので、複雑な面もあるのですが……。

正確には、「愛する者Aが善Bを誰かCに望む」ということがあるときに、AがCに対して抱く愛が「友愛の愛」と呼ばれ、AがBに対して抱く愛が「欲望の愛」と呼ばれます。花を恋人に贈る話を例に取って言えば、「愛する者が花を恋人に望む」ということになりますね。このとき、「愛する者」が「恋人」に対して抱く愛が「友愛の愛」となり、「愛する者」が「花」に対して抱く愛が「欲望の愛」となるわけです。違和感があるかも知れませんが、ここは、そういう用語なんだと割り切っていただくのが、正確に理解するための近道だと思います。

学生　わかりました。それで、「誰かを愛するということは、その人に幸福になってもらいたいと願うことである」という言い方は、それほどずれていないとさきほどおっしゃっていましたが、その点については結局どうなりますか。

哲学者　誰かを愛するときに、その人に対して願われる最大の善、その人にそういう善が備わるといいなと望まれる最大の善は、「幸福になること」です。親が、生まれてきた子供に望む善は、なんといっても「幸福になること」ですよね。「有名になってほしい」とか「裕福になってほしい」というようなことを望むこともあるかもしれませんが、その場合であっても、「有名になれば幸福になれるから」「裕福になれば安定した幸福な人生を送れるから」ということがあるのだと思います。

学生　それはとても納得がいきます。その場合、トマスの言葉遣いによると、「子供」に対して「友愛の愛」が持たれ、「幸福」に対して「欲望の愛」が持たれているということになるわけですね。

哲学者　はい、そのとおりです。

学生　幸福に対して持たれる愛を「欲望の愛」と呼ぶことについては、違和感がまだ少しありますが、言葉の使い方は理解できたと思います。

花を愛しているのは誰なのか

学生　ところで、さきほどの、恋人に花を贈るという例に戻って質問してもよろしいでしょうか。

哲学者　もちろん、かまいません。

学生　今のお話だと、恋人に花を贈る人が、その花に対して「欲望の愛」を持っているということとになっていますが、そうとはかぎらないのではないでしょうか。なぜなら、自分は花になんて興味はないけれども、恋人がその花が好きなのを知っているので、恋人にそれを贈るという場合だってありえますよね。その場合には、花を贈る人自身は、花のことなど愛してはいないということになるのではないですか。花にかぎらず、相手が好きなものをプレゼントするけれども、自分自身はそのものに全く興味がないということは、けっこう多いと思います。

哲学者　なるほど。それは重要な論点ですね。少し違う例になりますが、私自身の経験からお話ししてみましょう。二十代の頃、私には、イタリア文学を専門にしている恋人がいました。私はもともと古本屋に行くことが趣味の一つだったのですが、その恋人ができて以来、古本屋に行くと、それまでいつも見ていた哲学と宗教のコーナーだけではなく、イタリア文学・外国文学の棚もよく見るようになりました。

私自身がイタリア文学に興味があったのではなく、彼女が必要としている本、欲しがるだろう本、好きなタイプの本があるのではないかと思って見に行くわけですね。そして、「彼女がいたらきっと買うのではないか」というような本を見つけたら、携帯電話で連絡を取って、欲しい本だということが確認できたら、代わりに買っておく、というようなことをしていました。

学生　話の腰を折るようで申し訳ないのですが、やはり、その例でも、先生が好きなのは、その恋人であって、本ではなかったわけですよね。

哲学者　はい、たしかにそうです。でも、それだけではないのです。古本屋に行くと、以前は哲学と宗教のコーナーを見ることだけが楽しみだったのに、外国文学のコーナーを見るのもとても楽しくなりました。彼女から入手困難と聞いていた本が見つかったりすると、自分のことのように嬉しくなったものです。つまり、私自身が「いいな」と思い、「好感」を抱く範囲が、以前と比べて広がったのです。

学生　しつこいようですが、それは、その本を入手してあげたら彼女が喜ぶから先生も嬉しいのであって、やはり、先生自身がその本を愛しているわけではないと思います。

哲学者　たしかに見方によってはそうとも言えるのですが、でも、それだけだと言い切ってしまうと、私たちの人生のなかにある、とても重要な要素が切り捨てられてしまうとも思うのです。

学生　どういう要素ですか？

「もう一人の自己」とは何か

哲学者　一言で言うと、「もう一人の自分」ということです。誰かのことを深く愛すると、その人は単なる「他人」ではなく、「もう一人の自分」「もう一人の自己」になる。そうすると、その「もう一人の自分」に「好感」を与えるものが、自分自身にも「好感」を与えるものとして受けとめ直される。そんな感じで、自らの「愛」の対象が広がってくる。それが「もう一人の自己」という話です。

学生　「もう一人の自己」というのは、トマス自身の言葉なのですか？　それとも、先生の作った言葉ですか？

哲学者　もともとは、アリストテレスに由来する言葉です。アリストテレスは、『ニコマコス倫理学』の第八巻と第九巻において、哲学史上極めて有名な友愛論を展開しています。そのなかで、友人のことを、「もう一人の自己」と言っているのです。もとのギリシア語では ἄλλος αὐτός《アロス アウトス》という言葉ですが、ラテン語に訳されると alter ego《アルテル エゴ》または alter ipse《イプセ》という言葉になります。友達というものは、単なる「親しい他人」ではなく、「もう一人の自己」「もう一人の自分」と言えるほどに、自分と一体化した存在なのです。

学生　自分と一体化するとはどういうことですか？　いくら親しい友だちといっても、あくまでも自分とは別の存在だと思うのですが。

哲学者　トマスがこの言葉を使っているテクストを読んでみましょう。それが一番の近道だと思います。

学生　わかりました。どこを読めばいいですか？

哲学者　前回読んだ第二部の第一部第二八問題第一項「一致は愛の結果であるか」の主文をまた読んでもらいたいのですが、そのときは飛ばした部分、つまり、傍線を引いていない部分を読んでください。

学生　了解しました。

　愛は二通りのもの、すなわち「欲望の愛」と「友愛の愛」であり、このどちらも、「愛されるものが愛する者に対して一つであること（unitas amati ad amantem《ウニタス アマーティ アド アマーンテム》）」の把捉《はそく》から発している。というのも、誰かが何かを欲望しつつ愛するさいには、そのものを、自らが善く在ること（bene esse《ベネ エッセ》）に属するものとして捉えている。同様に、誰かが〔他の〕誰かを「友愛の愛」によって愛するさいには、自らに善を望むのと同様の仕方でその人に善を望む。したがって、自己自身にと同様にその人に善を望むかぎりにおいて、その人を「もう一人の自己」と捉えている。だからこそ、友人は「もう一人の自己」であると言われるのであり、アウグスティヌスは『告白』第四巻において、「自らの友人について「自分の魂の半分」と言った人がありますが、うまいことを言ったものです」と述べているのである。

哲学者　はい、ありがとう。このテクストでは、ラテン語の原文を入れて訳しておいた部分がとりわけ重要だと思います。つまり冒頭の部分です。

「一致（unio《ウニオ》）」とか「一つであること・一性（unitas《ウニタス》）」というのは、愛に関するトマスの理論のキーワードの一つです。いろいろと微妙なニュアンスがあるのですが、とりあえず大雑把に言うと、「一致（unio）」とは、異なるもの同士が深く結びつくことを意味し、それに対して、「一つであること（unitas）」とは、もっと強い意味での「一」なのです。各人は自分自身に対してunitasを有している、というような言い方をされることもあります。

　それを念頭に置いたうえでこのテクストを読むと、けっこう驚くべきことを言っていることがわかりますね。なぜなら、「欲望の愛」と「友愛の愛」が存在するとき、そのそれぞれにおいて、「愛されるもの」と「愛する者」は「一つである」と述べているのです。単に深く結びつくというだけでなく、一体だと述べているわけですね。

もう少し別の言い方をすれば、「愛」が存在するとき、「愛されるもの」と「愛する者」は切り離し難い全体を構成する、すなわち「一つの統一体」となっている。つまり、その両者は、ひとまとまりとして捉えなければ捉えきることのできないような在り方をしているということです。

学生　別々のものとしてではなく、一つの統一体としてではないと捉えきれない……そのようなものがあるのでしょうか。いつものように、具体例を使って説明していただけると助かります。

「善く在ること」と幸福

哲学者　そうですね。それでは、いま読んでいただいたテクストに基づきながら、具体例も交えて説明していきましょう。

「誰かが何かを欲望しつつ愛するさいには、そのものを、自らが善く在ること（bene esse《ベネ　エッセ》）に属するものとして捉えている」とトマスは言っています。たとえば、私が、私自身のために、「欲望の愛」に基づいて、哲学書を愛しているさい、私は哲学書を「自らが善く在ることに属するもの」として理解している、ということですね。

「善く在ること」というのは、「幸福であること」と深く繋《つな》がるものです。「幸福」は「幸運」とは異なります。「幸運」は外から偶然的な仕方で舞い込んでくるものですが、それだけでは「幸福」にはなれない。「幸福」になるためには、「幸運」を生かすことができるような堅固な人柄の持ち主であることが必要だし、「不運」にさいしてもそれを乗り切ることのできるような内的に安定した力を有していることが必要ですね。そういう意味で「善く在ること」、つまりその人の存在全体が充実していてこそ、はじめて「幸福」になることができるとトマスは考えるのです。

そして、私の場合、そうした「善く在ること」を実現するためには、優れた哲学書を読解して人生を生き抜くための様々な洞察を学ぶことがとても大切なわけです。そのとき、哲学書というものは、他の本でも代替可能であったり、単なる暇つぶしの手段であったりするようなものではなく、私の人生、いやもっと言えば私の存在そのものと一体化したようなものとして捉えられることになるわけです。

学生　それは、なんとなくわかります。でも、今の説明に一定の説得力があるのは、先生の愛の対象が哲学という特別なものだからではないですか。哲学という学問の性質上、「善く在ること」といった概念と馴染みやすいものだから、もっともなことだという印象を与えているのではないでしょうか。

哲学者　べつに哲学でなくても同じことが言えると思います。アニメが好きな人は、アニメを「自らが善く在ることに属するものとして捉えている」ことになるでしょうし、サッカーが好きな人は、サッカーを「自らが善く在ることに属するものとして捉えている」ことになるわけです。逆に言えば、そのくらいまで好きになるものと出会えることが「幸福」なのかもしれません。

聖トマスが自らの解釈者である

学生　なるほど、「欲望の愛」のほうの話は一応わかったと思います。「友愛の愛」のほうはどうなりますか。「誰かが〔他の〕誰かを「友愛の愛」によって愛するさいには、自らに善を望むのと同様の仕方でその人に善を望む。したがって、自己自身にと同様にその人に善を望むかぎりにおいて、その人を「もう一人の自己」と捉えている」という部分です。

哲学者　はい、そちらが、「もう一人の自己」の話ですね。ここを解釈するために紹介したいトマスのテクストがあります。

学生　先生は、トマスのテクストを次々に紹介されますね。

哲学者　はい、それが私のトマス解釈の基本方針なのです。

学生　どういうことですか。

哲学者　「聖書が聖書自体の解釈者である（sacra《サクラ》 scriptura《スクリプトゥーラ》 sui《スイ》 ipsius《イプシウス》 interpres《インテルプレス》）」という、聖書解釈の文脈でよく出てくる言葉があります。聖書を解読するための最大の鍵は聖書自体のなかにある、中途半端な解説書を読んだりするよりも、聖書を精読することのうちにこそ、聖書を深く読み解いていくための最大の鍵があるという意味です。

学生　それがトマスの話とどうつながるのですか。

哲学者　この言葉をアレンジして、しばしば、「『神学大全』が『神学大全』自体の解釈者である（Summa《スンマ》 theologiae《テオロギアエ》 sui ipsius interpres）」とか「聖トマスが自らの解釈者である（Divus《ディヴス》 Thomas《トマス》 sui interpres）」と言われることがあります。トマスのテクストを解釈するための最大の手がかりはトマスのテクストのうちにある、はっきりとした意味のわからないトマスのテクストを読み解くための大きな手がかりを、トマスの他のテクストが与えてくれるという意味ですね。単にトマスのテクストを羅列するだけで終わってしまってはつまらないと思いますが、複数のテクストを相互に照らし合わせることによって、孤立した一つのテクストからは見えにくい洞察が見えてくるようになれば、とても大きな意味があると思います。

学生　聖書やトマスだけではなく、他のテクストを解釈するときにも使えそうなやり方ですね。

愛の結果としての「相互内在」

哲学者　そのとおりです。もっとも、これから読んでいただきたいと思っているのは、さきほどから読んでいる「一致は愛の結果であるか」のすぐ次の項の「相互に内在することは愛の結果であるか」という箇所なので、意外性のある組み合わせではないのですが。でも、連続性があるぶん、自然に入っていきやすいと思います。主文の線が引いてあるところを読んでください。

学生　わかりました。

「友愛の愛」においては、愛する者が愛される者のうちにあるのは、愛する者が友人の善と悪を自らのものと見なし、また友人の意志を自らのものと見なし、その結果、いわば自らが自らの友人の中において善と悪を被り《こうむ》感受しているように思われるからである。このことゆえに、アリストテレスが『ニコマコス倫理学』第九巻と『弁論術』第二巻において述べているように、同じことを意志し、同じことにおいて悲しみ喜ぶことが友人たちに固有のことなのである。こうして、友人のものを自らのものとみなすかぎりにおいて、愛する者は、いわば愛される者と同じものとなって、愛される者のうちにあると思われる。他方、反対に、友人を自己と同じものとみなして、自己自身のためと同様の仕方で友人のために意志し行為するかぎりにおいて、愛される者は愛する者のうちにあるのである。

哲学者　ありがとう。この箇所は、「愛」という感情を抱くことの結果として生まれてくる「愛する者」と「愛される者」との「相互内在」という、とても興味深いテーマについて語っています。「相互内在」というのは、「愛する者」が「愛される者」のうちにあり、同時に、「愛される者」が「愛する者」のうちにあるという話です。

ここで「愛される者」と訳したamatum《アマートゥム》という言葉は、前回説明したように、人だけではなく事物も指すので通常は「愛されるもの」とひらがなで訳すようにしているのですが、この箇所では、人間に限定した話になっているので、あえて「愛される者」としておきました。

学生　このテクストで語られていることは、いわゆる「一心同体」みたいな話かと思うのですが、トマスはもう少し厳密な言い方をしていますよね。でも、いったいどっちがどっちのうちにあるのか、こんがらがってしまって、よくわからない感じもします。

哲学者　そうですね。少し解きほぐしてみましょう。うしろのほうから解読していくとわかりやすいと思います。最初に愛の話をしたときに説明したように、「愛」という感情が生まれるとき、愛の対象は、愛する者の心のうちに住み始めます。そのさいの愛の対象は、人だったり物だったりするわけですが、この「相互内在」という文脈で問題になっている愛の対象は、いま言ったように人なのです。

誰かが私たちの心のうちに住み始めると、その人のことを念頭に置きながら私たちは「意志し行為する」ようになります。たとえば、スーパーに行くときに、自分はミカンが好きではなくても、自分のパートナーがミカン好きだったら、ミカンを買うことを意志し、行為する、つまり実際にミカンを買うということになるわけです。そして、美味しそうなミカンを見つけると自分が食べるわけではなくても、自分のことのように喜ぶわけです。これが、「愛される者が愛する者のうちにある」ということですね。

このとき、誰かから、「ミカンを愛しているのはあなたのパートナーであって、あなたではないのですから、たいして嬉しくないですよね」と言われたら、私はその割り切り方に大きな違和感を覚えると思います。私の心の深いところに住んでいるパートナーの愛しているものは、ある意味で私自身の愛しているものであり、だからこそ私は美味しそうなミカンを見つけて喜ぶのですから。

愛する者が愛される者のうちにある

学生　よくわかりました。もうひとつの、「愛する者が愛される者のうちにある」については、どんな具体例がありますか。

哲学者　はい、こちらについてのほうが、トマスは詳しく説明してくれていますよね。「愛する者が友人の善と悪を自らのものと見なし、また友人の意志を自らのものと見なし、その結果、いわば自らが自らの友人の中において善と悪を被り感受しているように思われる」という表現のなかには、とても強い愛の絆が感じられます。

ここで「友人」と言われているのは、愛による強い結びつきのある相手という意味で理解してください。たとえば、「親」と「子供」の関係で考えてみましょう。「愛する者」を「親」に置き換えて、「友人」を「子供」に置き換えると、親は、自分の子供の「善と悪を自らのものと見なし」、また子供の「意志を自らのものと見なし、その結果、いわば自らが自らの子供の中において善と悪を被り感受しているように思われる」ということになりますね。

たとえば、幼稚園の運動会で、自分の子供が障害物競走をしているのを見ている親は、他人事として客観的に観戦したりはしないですよね。子供がうまく障害物を乗り越えると、子供がうまくやっているという「善」を、自らのことのように感受することが多いと思います。

こういったことは、全く違う場面でもありますよね。たとえば、映画を見ていて、主人公に感情移入しているときに、主人公の身に急に危険物が降り掛かってきたりすると、見ている我々が、あたかも自分の身にそれが降り掛かってきたかのように感受して、それを防ごうとして思わず手を上げてしまうようなことがあります。この場合にも、トマスの表現を使うならば、我々自身が、主人公のなかに入り込んで、その災難（悪）を自らが被っているかのように感じているわけです。このような意味において、トマスは、「愛する者が愛される者のうちにある」と述べているのです。

学生　ありがとうございます。だいたい理解できました。

「もう一人の自己」を通じて「喜び」を感じる

哲学者　これで、さきほど読んでいただいた『神学大全』第二部の第一部第二八問題第一項「一致は愛の結果であるか」のなかにあった、「誰かが〔他の〕誰かを「友愛の愛」によって愛するさいには、自らに善を望むのと同様の仕方でその人に善を望む。したがって、自己自身にと同様にその人に善を望むかぎりにおいて、その人を「もう一人の自己」と捉えている」というトマスの言葉の意味も明確になってきたのではないでしょうか。

では、これまでの話と深く結びついている、もう一つのテクストを読んで、今日は終わりにしましょう。『神学大全』第二部の第二部第二八問題第一項「喜びは我々における愛の結果であるか」という箇所を読んでみてください。

学生　さきほど読んだ第二部の第一部「一致は愛の結果であるか」も、これから読む第二部の第二部も、両方とも「第二八問題第一項」なのは、何か意味があるのですか？

哲学者　これは単なる偶然です。『神学大全』では、第二部の第一部（一般倫理＝倫理学の総論）

でも、第二部の第二部（特殊倫理＝倫理学の各論）でも、たまたま第二八問題のあたりで「愛」を主題とした論述が行われているので、偶然、両方の部から「第二八問題第一項」を読むことになっただけです。

学生　わかりました。主文を読んでみます。

喜びも悲しみも愛から生まれてくるが、その仕方は反対対立的である。というのも、喜びが愛から引き起こされるのは、愛されているものの現存のゆえにであるか、または、愛されている善そのもの〔愛されている者〕のうちにその固有の善が内在し保持されているがゆえにである。そしてこの後者は、何よりも好意の愛（amor benevolentiae《アモル ベネヴォレンティアエ》）――それによって人は、友がうまくいっていることを喜ぶ（たとえ彼が不在であったとしても）――に属している。反対に、愛から悲しみが生じてくるのは、愛されているものの不在のゆえにであるか、または、我々がその人に善あれかしと望んでいるその人にその善が欠落しているか、または何らかの悪によって苦しめられているがゆえにである。

哲学者　ありがとう。そこまでで大丈夫です。ここで「好意の愛」ということがこれまでと少し違う表現が出てきますが、これが「友愛の愛」と同じものだということさえわかれば、このテクストでトマスが述べていることを理解するのは、さほど困難ではないと思います。

悲喜こもごもの私たちの生活は、自分一人の「喜び」や「悲しみ」だけではなく、自分にとって大切な人の「喜び」や「悲しみ」も含めて織りなされています。

そして、「喜び」に関してトマスが指摘している面白い点は、「愛されている者」が現存している場合、つまりいま眼の前にいる場合にしか「喜び」が感じられないのではなく、不在であっても「喜び」が感じられるというところだと思います。たとえ離れていても、自分が愛している相手がうまくやっていれば、それを喜ぶことができるとトマスは言っているわけですね。

いつくしみながら育ててきた子供が大学に入学して、自分の手元を離れ、一人暮らしを始める。そのとき親は、自分の子供が身近にいない――トマスの言葉で言えば「現存しない」――ことによる「悲しみ」を感じつつも、子供が自分の手元を離れてうまくやり始めていることに「喜び」を感じる。そんな事例を考えることができます。

トマスの「愛」の理論の普遍性

学生　なるほど。私はこれまで、キリスト教というのは、この世の欲望や喜びを否定して、幸せは天国でしか手に入らないと考える宗教だと思っていました。また、先生の話を聞く前は、中世キリスト教の神学者が説く「愛」についての教えというのは、「自己犠牲」を奨励したりする堅苦しくて馴染みにくいものだろうという先入観を抱いていました。

要するに、キリスト教神学と言えば、暗くて堅苦しいお説教が続くものだという印象があったのですが、今の例のように、私たちの身近な「愛」や「喜び」をあらためて深く捉え直す観点をトマスのテクストから得られるということに、新鮮な驚きを感じます。

哲学者 トマスのテクストは、現代に生きる私たちにとっても、キリスト教の信仰の有無にかかわらず、生きていくうえでの多くの手がかりを与えてくれます。そのことを、これまでの話を通じて理解していただけたとしたら、私にとってそれ以上の喜びはありません。

トマスの「愛」の理論の基調をなしているのは、何よりも「喜び」との深い結びつきです。愛することとそのもののうちに「喜び」がある。前回使った言い方で言うと、持続的な「出会い」の喜びがある。そして、もちろん、「愛」の対象を無事に獲得することができれば、「獲得の喜び」「達成の喜び」がある。私たちの毎日の生活を支えているささやかな「愛」と「喜び」の在り方を深く広く捉え直すための手がかりを、トマスのテクストは与えてくれるのです。

学生 どうも「愛」という言葉が気恥ずかしく、またその言葉が人だけでなく事物も含めて非常に広い対象に使われていることに馴染めなくて、前回は途中で「喜び」にフォーカスしたほうがよいなどと生意気なことを言ってしまいましたが、今では「愛」と「喜び」の深い結びつきがよく理解できたように思います。

哲学者 更に大切なのは、今日お話ししたように、「愛」によって得られる「喜び」は、「自分一人」という狭い枠を超えて、自ずと広がっていくということです。「もう一人の自己」である「友人」――「親しい人」と言い直してもかまいません――の「善」を願い、「友人の善」を「自らの善」として受けとめて喜ぶ。そのことによって、「喜び」の範囲が自分一人を超えて広がっていく。そうした広がりを持った「愛」と「喜び」の世界がトマスのテクストにおいては語られているのです。

学生　今日の話からは、私自身のことだけではなく、身近な人達との関係を捉え直すための様々な手がかりを与えていただいたような思いがします。

ただ、実はちょっと気になっていることがあります。さきほど先生は、トマスのテクストは「キリスト教の信仰の有無にかかわらず」生きていく手がかりを与えてくれるとおっしゃいました。これまでの話を聞いて、それはそのとおりだと思うのですが、一方でトマスはキリスト教の神学者だったわけですから、やはりキリスト教信仰を前提として物事を考えていたはずですし、トマスのテクストのうちには、もっとキリスト教的な観点が濃厚に出ているものもあるのだと思います。

おそらく先生は、私がキリスト教徒ではなく、宗教全般にある種の警戒感を示していたことに配慮して、あえてキリスト教色を排したトマスの哲学を語ってくださったのではないでしょうか。

もちろん、そのおかげで私はここまでトマスの哲学に興味を持てたと思うのですが、今度は逆に、何となく物足りないというか、一番大事なところを隠されたまま、薄めた状態の哲学を味わされているのではないかという疑念が生じてきてしまいました。

そこで、次回はこれまでうかがった「感情」についての話、とりわけ「愛」についての話が、キリスト教独自の観点とどのようにつながっていくのかということも聞いてみたいなと思っています。

哲学者　わかりました。それでは、また来週の同じ時間にお会いして、そういう観点からお話ししてみましょう。

第九章　善には自己拡散性がある——「肯定の哲学」から「肯定の神学」へ

「肯定の哲学」とキリスト教

学生　これまで先生が説明して下さったトマスの「肯定の哲学」が、「キリスト教の信仰の有無にかかわらず」成り立っていること、トマスのテクストにおいて、人間の心の普遍的な動きが鮮やかに捉えられているという点は、よくわかりました。実際、キリスト教徒でない私自身、実に多くのことを学ぶことができたと思っています。

でも、前回の最後にお話ししたように、トマスはキリスト教の神学者であるわけですから、やはり、キリスト教的な考え方との結びつきについても説明していただけると、より理解が深まるのではないかという気がしています。今日はぜひ、そういう観点からお聞きしたいと思っています。

哲学者　前回、君からそのような質問を受けて、あらためてトマスの「肯定の哲学」とキリスト教の関係について考え直してみました。たしかに、トマスはキリスト教の神学者ですから、「肯定の哲学」と「神」の存在とのあいだに深いつながりがあるというのは、そのとおりだと思います。ですが、だからといって、そのつながりというのは、「神」の存在がなければ「肯定の哲学」も成り立たないといった単純なものではないのです。

学生　「神」の存在を認めなくても、「肯定の哲学」は成り立つのですか。

哲学者　そうですね。少なくとも、これまで主に論じてきた「感情の論理学」については、私たちの経験を深く掘り下げて分析するところから出発した議論になっているわけで、「神」やキリスト教の教義を前提にしているということは特にないと思います。

ただ、トマスの場合、理性と経験に基づいた「肯定の哲学」が、「聖書」に基づいた体系的なキリスト教神学の構築に力を与え、一方、キリスト教的な背景のほうもまた「肯定の哲学」に力を与えているという、よい意味での循環関係があるのも一面の真実だと思います。

学生　私がお聞きしたいのはまさにそういう観点からの話だと思うので、ぜひ詳しくお聞かせください。

聖書の言葉が与えるインスピレーション

哲学者　先週は「愛の結果としての相互内在」という話をしましたね。

学生　はい。「相互内在」という観点から人間関係のことを考えてみたことはなかったので、どこからそんな発想が生まれてくるのだろうかと驚きながら、一週間その話を反芻していました。「相互に内在することは愛の結果であるか」という問いに対して、トマスは肯定的に解答していたわけですが、私は、その解答に感銘を受けただけでなく、そもそもそんな問いをどのようにして思いつくのだろうと感心していました。やはり、一流の哲学者というものは、発想力が根本的に異なっているということでしょうか。

哲学者　トマスは超一級の哲学者ですから、もちろん、優れた発想力の持ち主です。ですが、だからといって彼はゼロからいろんな発想を生み出しているわけではありません。それらの発想は、豊富な読書生活から培《つちか》ったものでもあるのです。そして、彼の発想に最も大きなインスピレーションを与えたのが「聖書」なのです。前回はご紹介しませんでしたが、「相互に内在することは愛の結果であるか」というこの項の「反対異論」において、トマスは次のように述べています。

「ヨハネの第一の手紙」第四章において、「愛《カリタス》のうちに留まる人は神のうちに留まり、神もまた、その人のうちに留まっておられます」と言われている。ところが、カリタス（caritas）とは、神の愛（amor《アモル》）である。それゆえ、同じ理由に基づいて、どのような愛であっても、愛は、愛される者が愛する者のうちにあり、愛する者が愛される者のうちにあるようにするのである。

これは「反対異論」なので、トマス自身の見解が述べられる「主文」や「異論解答」とは区別する必要があります。ですが、以前も説明したように、「反対異論」は「主文」の直前に置かれていて、トマスが「主文」において本格的に展開していく議論の基本的な方向性を示唆するような、何らかの言葉を引用していることが多いのです。

ここでは、新約聖書の「ヨハネの第一の手紙」から、神と人との愛の関係――「神の愛（神への愛）」には caritas《カリタス》という単語が使われます――において、神が人のうちにあり、人が神のうちにあるという相互内在の関係が成立していることを語っている言葉が引用されています。

そして、この「反対異論」は、聖書の言葉で述べられている「愛による相互内在」という話が、神と人とのあいだにしか成り立たないものではなく、人間同士の関係にも応用されうるものであることを示唆しているわけです。

「主文」においてトマスが語っている、人間関係における「愛する者」と「愛される者」の相互内在についての論述は、「反対異論」に引用されているこの聖書の言葉からインスピレーションを受けたものであることがここから読み取れます。それだけではなく、そもそも、「愛による相互内在」というこの項の問題設定自体が、この聖書の言葉の影響下に成立したものであることが示唆されているのです。

知的探究への促しとしての聖書

学生　前回は、「相互内在」の話をするさいに、聖書的な背景の話はありませんでしたが、本当は、聖書的な前提というか、キリスト教的な前提がなければ成り立たない話だったということになるのでしょうか。

哲学者　いいえ、そういうことではないのです。「聖書」とか「キリスト教」と聞くと、多くの人は、「信じるか信じないか」という枠組みで受けとめがちだと思います。そして、自分はキリスト教徒ではないし、もっと言えば宗教にはあまり積極的な関心のない無宗教の人間なので、「聖書」を読んでも得るものがないと思っている人が多いと思います。ですが、キリスト教の聖典である「聖書」というものは、そうした「信じるか信じないか」という狭い枠組みでの接し方しかできないものではないのです。

学生　他にどのような接し方ができるのですか。

哲学者　「教養」として聖書を読む、と言うと、ありがちな入門書のように聞こえてしまうので、あえて違う言い方をさせていただくと、「知的探究への促《うなが》し」として聖書を読む、という接し方があります。聖書に由来する「相互内在」というテーマについてのトマスの論じ方は、単に「神と人の愛による相互内在」を信じるか否かというやり方ではありません。そうではなく、聖書において は「神と人の愛」という文脈で論じられているテーマを、いわば応用して、「人と人の愛」に関して考えてみたらどうなるだろうかという思考実験をしているわけです。

そして、その結果として生み出されているトマスの論述は、キリスト教の信仰を有していない読者にも、啓発的なものとして受けとめられることがあるでしょうし、逆に、キリスト教の信仰を有している読者からも、つまらないもの、または間違いを含んだものとして否定的に評価されてしまうこともあると思います。つまり、キリスト教の信仰の有無という狭い枠組みを超えて評価の対象になるわけです。

「感情論」というアングル

学生　なるほど。その点はよくわかりました。たしかに、これまで聞いてきたトマスの感情論は、キリスト教の信仰を持たないどころか、キリスト教についての基本的な知識もほとんど持っていない私にとっても、大いに知的刺激を与えてくれるものでしたし、自分の感情の受けとめ方についても、とても啓発される内容でした。

でも、先生のお話の大半は、『神学大全』の第二部の「人間論」に基づいたもので、第一部の「神論」や第三部の「キリスト論」については、ほとんど取り上げてきませんでした。そのようなやり方で、本当にトマスの哲学についてバランスのとれた形で理解できるのでしょうか。

哲学者　トマスのような巨大な哲学者に迫っていくためには、どうしても、いきなり全体を論じるというわけにはいかず、何らかの特定の「観点」を選んで、そこから徐々に広げていくことが必要なのです。そして、今回、君に話をするにあたって選んだ観点が「人間論」であり、そのなかでもとりわけ「感情論」だったのです。

写真家が何らかの被写体を撮影するときに、特定のアングルから撮ったからといって、それは、必ずしも「偏った」ものとは批判されないですよね。というより、そもそもアングルなしの写真なんてありえないわけです。あるアングルから撮影することによって、その被写体の全体像が、その陰影も含めて実に鮮やかに浮き彫りになる。だからこそ写真を撮る意味があるわけです。

学生　問題にすべきは、そのアングルというか観点が、本当に魅力的なものなのか、バランスを失っていないか、ということなのでしょうね。

哲学者　そのとおりです。そして、「感情論」というのは、トマスの全体像を浮き彫りにするための一つの橋頭堡《きょうとうほ》として、とてもよい取っ掛かりになるのではないかと私は考えています。

学生　では、「感情論」を軸とした「人間論」から出発することによって、トマスの全体像がどうバランスよく浮き彫りになるのか、ぜひお聞かせください。

「世界」がわかると「神」がわかる

哲学者　そうですね。その話を本格的に始める前に、「相互内在」の話に少しだけ戻らせてください。

さきほどは、トマスが、聖書において言及されている「神と人の愛による相互内在」という観点を手がかりに、その光で照らすことによって、この世界における人間同士の関係について、「人と人の愛による相互内在」という新たな観点を得ていると説明しました。「聖書」を手がかりにすることによって、単に「神」のことだけではなく、この「世界」のことを深く理解するための観点が得られるという説明をしたわけです。

ですが、これはまだ話の半分であって、反対の方向もあるのです。

学生　「反対の方向」とはどういうことですか。

哲学者　この「世界」のことをよりよく理解することによって、この世界の創造主である「神」のことがよりよく理解できるようになる、という方向です。

そもそも、キリスト教の信仰を持っている人であっても、「愛《カリタス》のうちに留まる人は神のうちに留まり、神もまた、その人のうちに留まっておられます」などという「聖書」の言葉に触れても、それがどういう意味なのか、なかなかうまく説明することはできないと思います。

そこで、いきなり神と人との関係という目に見えない難解な話に取り組むのではなく、人と人との関係において「愛による相互内在」とはどのようなものかをまずは明らかにしてみる。それを橋頭堡とすることによって、神と人との関係における「愛による相互内在」についても、より丁寧に探究していける手がかりが得られるわけです。

学生　なるほど。聖書において語られている「神」の話に触れることによって、この「世界」のことを深く理解するための手がかりが得られるだけでなく、逆に、この「世界」についての新たな理解を手がかりに、聖書において語られている「神」について、より深い理解が得られていく。このような仕方での、よい意味での循環があるということですね。

なぜ人に親切にすると喜びが生まれるのか

哲学者　まさにそのとおりです。しかも、これは、この「愛による相互内在」というテーマに関してのみ、たまたまそうなっているということではなく、トマスのテクスト全体に見出される基本的な方法論と言ってもいいものなのです。

学生　では、「愛による相互内在」以外の例も、詳しく説明していただけないでしょうか。

哲学者　それがよさそうですね。それでは、そうしたことを念頭に置きながら、『神学大全』第二部の第一部第三二問題第六項の「人に善くすることは喜びの原因であるか」という箇所を読んでみましょう。以前読んだ「悲しみは喜びの原因であるか」の二つ後の項になります。

学生　はい、見つかりました。主文を読めばよいでしょうか。

哲学者　そうですね。少し長いので、区切りながら読んでいきましょう。

学生　了解しました。

> 人に善くすることは、三通りの仕方で喜びの原因となりうる。一つの仕方では、結果――他者のうちに確立された善――との関係においてである。この点に関しては、「愛の一致(unio amoris《ウニオ アモーリス》)」ゆえに、他者の善を我々の善とみなすかぎりにおいて、我々は、我々によって他者のために為される善において、我々自身の善におけるように喜びを抱くのである。

哲学者　はい、そこでいったん区切りましょう。これまでの話を理解していれば、この部分については、特に問題ないと思います。このテクストの「愛の一致（unio amoris）」は、「愛する喜び」についてお話ししたさいの「心における一致」と同じ意味です。

そして、「善くする」と訳したのは、benefacere《ベネファケレ》という言葉です。「親切にする」という日本語に訳すこともできますが、この言葉の成り立ちに「善」という言葉が含まれていることが見えやすくなるように、あえて「善くする」と訳しておきました。というのも、bene というのは、「善く」という意味で、すでに何度か出てきている bonum《ボヌム》（善）という言葉と繫《つな》がりのある言葉だからです。そして、facere は「する」「為す」「つくる」といった意味です。

「人に善くすること」の「結果」として「他者のうちに確立された善」は、「愛の一致」ゆえに、単に「他者の善」とみなされるだけではなく、「自分自身の善」とみなされる。そのことによって、自分自身の心に「喜び」が生まれてくるわけです。

続きを読んでみてください。

学生　わかりました。

第二の仕方では、目的との関係においてである。誰かが、他者に善くすることによって、神からまたは人から何らかの善を自己自身のために獲得することを希望するときのように。じっさい、希望は喜びの原因なのである。

哲学者　そこまでで結構です。ここも、特に説明は必要ないでしょう。「他者に善くすること」

の報いとして、神または人――それは善くされた本人であることもあれば、本人ではないこともあるでしょう――から何らかの善を獲得することができるという「希望」が生まれてくることがある。そうすると、その「希望」が「喜び」を生み出すと言っているわけですね。

学生　とてもわかりやすい話ですが、他人に善くすれば見返りの報酬が期待できるというのは、なんだか少し打算的な感じがして、驚きました。トマスはキリスト教の神学者なので、もう少し純粋というか、自己犠牲的な発想をするのかと思っていました。

哲学者　よい意味で現実的であるのが、トマスの長所の一つだと思います。誰かが人に善くするときに、こうした報いを期待するのは人間にとって自然なことで、それを無理に否定したりせずに、自然なこととして受け入れる。そのうえで、そのときに起こっている心の動きを分析しているわけです。実は、このあたりまでは前置きのようなもので、いま本当に読みたいと思っているのは、続きの部分になります。どうぞ読み進めてみてください。

学生　了解しました。

「人に善くすること」の根源

第三の仕方では、起源・根源（principium《プリンキピウム》）との関係においてである。こうした仕方においては、他者に善くすることは、三つの根源との関係において喜ばしいものでありうる。そのうちの一つは、善を為す能力である。この観点から言うと、他者に善くすることが喜ばしいことであるのは、そのことによって、自らのうちにあり余るほどに豊かな善が存在していて、そこから他者へと分かち与える（communicare《コムニカーレ》）ことができるほどだ、という何らかの思いがその人のうちに生じてくるからである。だからこそ、人は、子供や自己の仕事・作品のうちに喜びを感じるのだが、それは、自らに固有な善を分かち与える対象としてなのである。二つめの根源・原理は傾向づける習慣であり、それに基づいて、善くすることはある人にとって親和的な（connaturalis《コンナトゥラーリス》）ものとなる。だからこそ、気前のよい人は、他の人に喜んで分け与えるのである。第三の根源・原理は動機・動因である。たとえば、誰かが、自分の愛している誰かによって、〔他の〕誰かに善くすることへと動かされるといった場合である。なぜなら、友人のために為したり被《こうむ》ったりすることはすべて喜ばしいからである。というのも、愛は喜びの主要な原因だからである。

哲学者　主文の最後まで、まとめて読んでもらいましたが、主に取り上げたいのは前半部です。「起源」「根源」と訳したのは、principium《プリンキピウム》という言葉です。「原理」と訳すこともできます。

この項でトマスは、「人に善くすること」が喜びの原因であることを、大きく三つの観点に分けて説明しているわけですね。一つめの観点は「結果との関係」、すなわち相手が喜ぶこと自体が自分の喜びとなるということでした。二つめの観点は「目的との関係」、すなわち相手を喜ばせることで見返りの報酬が期待できるということでした。いわば、「人に善くすること」によって起こってくる事柄との関係に基づいての説明だったわけです。それに対して、いま読んでいただいた部分では、「人に善くすること」の根っこに何があるのか、いわば「人に善くすること」を可能にする「原理」に関する説明が為されているのです。

そして、それが更に三つに細分化されて説明されています。そのうちのうしろの二つを先に説明させてください。まず、第二の根源は、「傾向づける習慣」という少しわかりにくい表現が使われていますが、これは、以前、「徳」と「技術」の類似性について説明したことを思い出していただければ、さほど難しくなく理解できると思います。

学生　えーっと……「節制」についての話でしたっけ？

哲学者　そうです、よく覚えていましたね。最初は健康のために嫌々甘いものを我慢していた人が、「節制」という「徳」、すなわち「善い習慣」が身についてくると、節制ある行為をすることに「喜び」を感じるようになるという話でした。それは、節制ある行為をすること自体が、自分にとって自然な、馴染みのある、すなわち「親和的」なものとなるからでしたね。

この主文に出てくる「気前のよさ（liberalitas《リベラリタス》）」というのも、「徳」のひとつです。つまりトマスは、「気前のよさ」という根っこのある人は、嫌々ながら他者に親切にするのではなく、他者に善くすることによって、自ずと心に「喜び」が生まれてくると言っているわけですね。

第三の根源の話は、「結果との関係」の話と少し似ているので、違いに気をつける必要があります。「結果との関係」の話は、親切にした結果として「愛される者」のうちに実現した「善」を、「愛する者」が自己自身の「善」とみなすので「喜び」が生まれてくるという話でした。

それに対して、ここで着目されているのは、何が「愛する者」を親切な行為へと突き動かすのかという「動因」についてなのです。そして、「結果」がどうなるかにかかわらず、そもそも、「友人のために為したり被ったりすることはすべて喜ばしい」という事実が浮き彫りにされているわけです。

「善の自己拡散性」とは何か

学生　なるほど。第二の根源の話も、第三の根源の話も、これまでの話の復習という側面もあり、とてもわかりやすかったです。

でも、今日のお話も、特に神がいてもいなくても成立する話ですよね。「聖書」に基づくキリスト教的な背景があるからこそ、トマスの「肯定の哲学」が力を増すし、「肯定の哲学」という観点があるからこそ、キリスト教についての理解も深まるというような、ポジティブな循環関係はあまり感じられません。

哲学者　はい。実は、神の話につながるのはここからなのです。

学生　そうでしたか。では、続きをお願いします。

哲学者　説明を残しておいたのは、「善を為す能力」についての話ですね。そのなかに出てくる「他者へと善を分かち与えること」というのがとても重要で、神の話にもつながってくるのです。まずは、「善を為す能力」についてトマスが述べていることを解説してから、それを神の話につなげるという順序で説明していきたいと思います。

学生　よろしくお願いします。

哲学者　「他者に善くする」ということは、単に善意があればできるというものではありません。そもそも自分が他者に分かち与える善を持っていなければ、当然、それを分かち与えることもできないわけです。

ですから、逆に言えば、他者に善くすることができたなら、「自らのうちにあり余るほどに豊かな善が存在していて、そこから他者へと分かち与えることができるほどだ」という事実にあらためて気づくことができる、とトマスは述べているわけです。

その具体例として、トマスは、「子供や自己の仕事・作品のうちに喜びを感じる」と述べています。ここで「子供」が出てきますが、これは、人びとが自分の子供に対して、食べ物やおもちゃ、教育などを分け与えることというよりは、自分が生み出した子供それ自体、いわば自分の分身である子供を見ることによって、自分が分かち与えることができるほど豊かに持っている生命や活動力といった「善」をあらためて自覚し、そのことによって「喜び」が生まれてくると言っているわけです。

「自己の仕事・作品のうちに喜びを感じる」のも、同じですね。自らの為した仕事・作品を見ることによって、優れた仕事・優れた作品を作り出すことができるような優れた活動力が自らのうちにあるという事実をありありと自覚するから、「喜び」が生まれてくるわけです。

「子供」「仕事・作品」といった事例に限らず、私たちが何らかの行為によって善を他者に分かち与えることができるさいには、そうしたことを可能にしている「起源」「根源」としての自己の能力——ひいてはそういった能力を有している自己の存在そのもの——の「善さ」がありありと自覚され、そのことから「喜び」が生まれてくるとトマスは述べているのです。

学生 なるほど。ここまでの話はよくわかりました。ですが、神の話とはどうつながっていくのでしょうか。

哲学者 注目していただきたいのは、「自らのうちにあり余るほどに豊かな善が存在していて、そこから他者へと分かち与える（communicare《コムニカーレ》）ことができるほどだ」という箇所です。ここに出てくるcommunicareという動詞は、トマスの神学・哲学体系全体において、極めて重要な意味を持っている言葉なのです。文脈に応じて、「分かち与える」以外にも、「共有する」「伝達する」などと訳すことができます。

たとえば、太陽は、自らの有する光や熱を独占したりはせず、自ずと周囲のものにも光や熱を分け与えていきます。また、泉も、滾々《こんこん》と湧き上がる水を自分だけで独占したりはせず、自ずと周囲のものをも潤《うるお》していくわけですね。そのように、優れたもの、充実したもの、すなわち「善いもの」は、自らの卓越性や充実を自らのうちのみに独占することなく、自ずと周囲へと拡散させていく。

この原理は、「善は自己拡散的である（bonum《ボヌム》 est《エスト》 diffusivum《ディフージヴム》 sui《スイ》）」という形を取って、トマスの思想体系の様々なところに登場します。この根本原理は、「善の自己拡散性」「善の自己伝達性」という言葉でまとめることができます。

学生　善が自ずと世界へと拡散していく——なんだか、とてもダイナミックで魅力的な原理ですね。この原理と、キリスト教の話とは、どのようにつながってくるのですか。

「善性の伝達」としての創造論

哲学者　これから、「善の自己拡散性」という原理を、トマスが神学的な文脈において使っているテクストをいくつか紹介したいと思います。まずは、『神学大全』第一部第四七問題第一項「諸事物の多数性と区別は神に由来するか」の主文を読んでみてください。これは、神による世界の創造という文脈のなかに置かれているテクストになります。

学生　わかりました。

神が諸々の事物を存在にまで産出したのは、自らの善性が諸々の被造物に伝達され(communicare)、これ〔善性〕がこれらの被造物によって表現されるためであった。そして、〔神の善性は〕一つの被造物によって充分な仕方で表現されえなかったので、〔神は〕多数の多様な被造物を作り出したのであるが、それは、神の善性を表現するのに一つ〔の被造物〕では欠けるところのものが他の被造物によって補われるためであった。

哲学者　ありがとう。「諸事物の多数性と区別は神に由来するか」というこの項のタイトルは、少しわかりにくいかもしれません。もう少しわかりやすく言い直すと、神が世界を創造するときに、たとえば人間だけ、樹木だけといったように、一つの、または少数のものだけを創造するのではなく、様々な動物もあれば天体もあるというように、実に多様なものから構成したのはなぜなのかということを問題にしているわけです。

その理由を説明するにあたって中心的な役割を果たしているのが、まさに「善の自己拡散性」という原理なのです。神がそもそも世界を創造したのは、自らの善性――充実した在り方――を、被造物へと伝達し、その善性を被造物によって表現するためであったと。

ところで、もしも「神」と呼ばれる何ものかが存在するのだとすれば、それは、それ以外のものとは比較を絶して卓越した存在だと考えざるをえません。そうすると、一つや二つの被造物を創造したくらいでは、神の善性を充分に表現しきれないわけですね。多数の多様な被造物を作り出し、そのすべての被造物が総体として織りなす世界ができることによって、はじめて神の善性の伝達が、意味のある形で可能になったのだとトマスは述べているわけです。

学生　なるほど。たしかに今のお話はキリスト教の創造論を前提としたもので、キリスト教徒ではない私のような人間にはちょっと馴染みにくいところもあります。ですが、なぜこの世界がかくも多様で豊かなのかという理由の説明としては、ある意味で筋が通っているように思えますし、なかなか魅力的に感じます。他には「善の自己拡散性」に関する、どんなテクストがあるのですか。

人間における「善の自己拡散性」

哲学者　そうですね。代表的なテクストをまとめて紹介すると、自ずとイメージがつかめてくると思いますので、いくつか読んでみてもらいたいと思います。

まずは、『神学大全』第一部第一〇六問題第四項「より上位の天使は、自らが認識しているすべての事柄について下位の天使を照らし出すか」の主文を読んでみてください。

この項は、「天使」の相互関係という、現代に生きる多くの人々の感覚からはかけ離れたテーマを取り扱っていますが、抜粋して訳しておいた箇所は、「天使」について取り扱っている部分ではなく、「天使」も含めた被造物全体に当てはまる話になっているので、比較的読みやすいと思います。

学生　了解しました。

すべての被造物は神の善性を分有していて、所有している善を他のものへと拡散させる。というのも、自らを他のものへと伝達するということが善の特質に属しているからである。だからこそ物体的な作用者も、可能な限り、自らの類似性を他のものに伝えるのである。それゆえ、ある作用者がより多く神の善性への分有において構成されていればいるほど、それだけ多く自らの完全性を可能な限り他のものへ注ぎ込もうと努める。

哲学者　はい、ありがとう。「すべての被造物」の具体例として、なんでもいいのですが、たとえば、「イヌ」と「アサガオ」について考えてみましょうか。一匹の「イヌ」が存在を与えられるとき、その「イヌ」一匹の存在が誕生するだけではなく、その「イヌ」が無事に成長して、別の「イヌ」を産んでいく、そういった能力も同時に与えられているわけです。

事情は「アサガオ」についても同様であって、一粒の「アサガオ」の種が地に蒔《ま》かれるとき、やがて育って無事に「アサガオ」の花を咲かせるだけではありません。その「アサガオ」の花が新たな種を豊かに実らせ、その多くの種が更に多くの「アサガオ」を花開かせていきます。そういう自己拡散的・自己伝達的な能力を、一粒の種がすでに有しているのです。

学生　「善の自己拡散性」という原理が、神のみでなく、動植物などにおいてもはたらいているというわけですね。

哲学者　人間の場合にも、まずは生物として、「イヌ」や「アサガオ」と同様のことが言えます。人間の子供もまた、両親から「生命」という「善」を分かち与えられるときに、その「善」を自分のみで独占するのでなく、更に分かち与える——自らが親となって子供をつくる——力を同時に分け与えられているわけです。

もちろん、この世には病気や障害などで子供をつくるのが難しい方もたくさんいますし、子供を持たない人生を意図的に選ぶことも普通にあります。そのことは、人間と他の被造物とを分かつ重要な論点なので、この後、詳しく説明しますが、まずは人間を含む生物一般の話として「生命という善を他者へと分かち与える力」を潜在的にすでに有しているということを理解してください。

学生　わかりました。人間も含めた生物の世界が、「善の自己拡散性」という観点から捉え直されることによって、とても躍動的なものに見えてきました。

哲学者　では続いて、人間の場合、何が他の被造物と異なるのかという話ですが、実はそのことはすでに少しお話ししています。と言いますか、そもそも、「人に善くすることは喜びの原因であるか」という項を読んださいに、communicare という語の含意を説明するなかで、「善の自己拡散性」についての詳しい話を始めたわけですね。

学生　ええ、そうでしたね。

哲学者　その項の主文では、人間における「善の自己拡散性」の具体例として、「子供」をつくり出すこと、「自己の仕事・作品」を作り出すこと、そして「人に善くすること」が挙げられていたわけです。「人に善くすること」のなかには様々なことが含まれるでしょうが、困った人に親切にするといった倫理的なことだけではなく、「知識を共有する」とか、「教育する」というようなこともあるでしょう。

学生　でも、「アサガオ」はともかく、「イヌ」だって仔犬に「教育」をするんじゃないですか？　餌《えさ》の捕り方とか、排泄《はいせつ》の作法とか……。

哲学者　そうですね。もちろん、人間と他の諸動物には、似た面も多いわけです。でも、人間以外の動物の場合には、そういった「教育」は、本能に基づいている側面が大きいでしょう。わざわざ複雑な「教育」を施さなくても、餌の捕り方とか排泄の作法は本能に基づいてほとんど身につけているわけですし、「教育」の仕方自体、本能で定められている側面が大きいわけです。

人間の場合には、生まれつき本能で身についていることが他の動物と比べると少ないですし、「教育」の仕方も、本能で定められている側面は少ないですよね。人間固有の「理性」と「自由意志」に基づいて、より豊かで多様な「教育」を施していく可能性が開かれているわけです。

他方、「自由意志」を有しているがゆえに生まれてくる負の可能性もあります。歪《ゆが》んだ「教育」を与えてしまうこともありえますし、「教育」という文脈を離れても、「善の自己拡散性」という他者に開かれた在り方を確立しそこねて、自己閉鎖的に、自分だけで「善」を独占しようという在り方に陥ってしまう可能性も出てくるわけです。キリスト教ではそういう問題は、いわゆる「罪」の問題として取り扱われています。

学生　「罪」ですか。

哲学者　「罪」という言葉を聞くと、なんだかおどろおどろしいイメージを抱くと思いますが、もともとのギリシア語では「ハマルティア」という言葉です。そして、「ハマルティア」というのは、「的外れ」という意味なのです。そんな的外れな生き方をしていても、本当に満たされることはありませんよ、ということですね。

富であれ、権力であれ、快楽であれ、自分だけで何かを独占したいという心の動きは誰にでもあるわけですが、でも、人間にとっての「喜び」はそれだけではない。それだけで心が完全に満たされるというようなことはありえない。自分の豊かさを他者と分かち合う、そういう「喜び」もまた人生にとって大切なものとして存在するのだ、とトマスは述べているのです。

人間が「神の像」である意味

学生　要するに、人間の場合には、「イヌ」や「アサガオ」におけるような「種の保存」という本能的な文脈を超えた「善の自己拡散性」があるし、「種の保存」といった事柄に関しても、「理性」と「自由意志」に基づいたより多様な在り方が開かれているということですね。

哲学者　はい。トマス自身、キリスト教の修道士として人生を歩んだ人ですから、「子供を持たない人生を意図的に選んだ」と言ってもいいかもしれません。そんなトマスにとって善を分かち合うということがどういうことであったのかを象徴する有名な言葉があります。それは、「単に輝きを発するよりも照明するほうがより大いなることであるように、単に観想するよりも観想の実りを他者に伝えるほうがより大いなることである」という言葉です（『神学大全』第二部の第二部第一八八問題第六項）。

「観想する」というのは、「真理をありのままに認識する」というくらいの意味です。この世界の真相をありのままに認識することによって、人間は、理性的存在としての自らの可能性を十全に開花させることができ、大きな「喜び」を感じ取ることができる。そして、その「喜び」は、「自分だけで真理を独占しておこう」というような自己閉鎖的な在り方へと人間を導いていくのではなく、「観想の実り」である真理を他者と分かち合い、共有するという仕方で、より大きな喜びに満ちた「他者との共鳴」へと人間を導いていくとトマスは述べているのです。

学生　なるほど。「善の自己拡散性」というか、善の分かち合いというか、それがどういうことなのか、なんとなくイメージがつかめてきた感じがします。さきほど音読したテクストのなかで、「ある作用者がより多く神の善性への分有において構成されていればいるほど、それだけ多く自らの完全性を可能な限り他のものへ注ぎ込もうと努める」という言葉がありましたが、これはどういう意味ですか。

哲学者　キリスト教の神学では、人間は「神の像《ぞう》（imago Dei《イマゴ　デイ》）」と言われています。神に似せて創られた存在ということですね。「神の似像《にぞう》」という日本語が使われることもあります。人間は、他の被造物とは異なり、神に似せて創造された特別な存在だと考えるわけです。ですので、「善の自己拡散性」という原理を全面的に体現している神に似せて創られた人間は、他の被造物よりもより豊かな仕方で「善の自己拡散性」を体現できるとトマスは述べているのです。

人間を「神の像」と見なす発想の根は聖書にあります。旧約聖書の「創世記」の冒頭では、有名な神の世界創造の物語が語られますが、そのなかで、「われわれにかたどり、われわれに似せて人を造ろう」という神の言葉が出てきます。聖書の神は「一神教」の神であるはずなのに、どうしてここでは「われわれ」と言われているのか不思議に思うかもしれませんが、これは、「神的一人称」と呼ばれる神の尊厳を表す用法で、複数形をとってはいるものの、実質的には単数一人称なのです。人間が「神の像」であるというのは、人間が神と同様に、知的な存在であり、自由意志を有し、自分の在り方を自分で決めていくことができる主体的な存在であるということです。

とにかく、「神の像」である人間は、他の被造物よりも神に似ているというか、「より多く神の善性への分有において構成されている」わけです。したがって、「それだけ多く自らの完全性を可能な限り他のものへ注ぎ込もうと努める」、つまり、より多彩な仕方で、自らの有している「善性」「完全性」を他のものへと伝えたり、分け与えたりすることができるということになります。

学生　人間を「神の像」、すなわち他の被造物より上位にある特別な存在と見なすキリスト教の世界観は、「人間中心主義」であり、それが自然界の収奪や破壊につながったのだというような批判を聞くことがしばしばありますね。

哲学者　聖書が述べているのは、必ずしもそういうことではないのです。人間は優れた能力を有しているのだから、その能力を十全に活用して、自らの有する善を他の被造物にも分かち与える、すなわち自然界がうまく機能するように適切に管理していく、そういう発想が聖書の人間観の根底にあります。

そうした豊かな仕方で「善性」「完全性」を他のものへと伝える人間の「善の自己拡散性・自己伝達性」の在り方を詳細に分析することによって、人間の「原像」である神――「似像」がそれに似せて創られる原型が「原像」ですね――の「善の自己拡散性・自己伝達性」の在り方がより明確になる。そして、より明確になった神の「善の自己拡散性・自己伝達性」の在り方を背景に置くことによって、「似像」である人間の「善の自己拡散性・自己伝達性」の在り方もまた更に明確になってくる。

さきほどもお話ししたように、神についての理解と、人間についての理解のあいだには、このようなよい意味での循環が成立しているのです。その点において、「肯定の哲学」は、キリスト教的な「肯定の神学」と不即不離《ふそくふり》の関係にあると言えるでしょう。

神に「感情」は存在しない

学生　「肯定の哲学」とキリスト教の関係が少しわかってきたような気がします。結局、人間は、神を縮小したような存在だということでしょうか。

哲学者　いいえ、そういうことではないのです。他の被造物と比べれば、たしかに人間には神に似た側面がありますし、それゆえに「神の像」と言われもするわけです。しかし、だからといって人間は、単に神を縮小したような存在ではありえず、神と人間とのあいだには決定的な違いがあるとトマスは考えます。

学生　どのような違いがあるのですか。

哲学者　一言で言うと、「神には感情が存在しない」ということです。

学生　えっ、どういうことですか。「神の愛」というのが、キリスト教のキーワードですよね。そして、「愛」というのは、当然、「感情」なわけですよね？

哲学者　この話は、詳しくしようと思うとかなり込み入っているのですが、これもまた一言で言ってしまうと、神の「愛」は「感情」ではないというのがトマスの見解なのです。

学生　「感情」でないとしたら、一体何なのですか？

哲学者　「意志の単純な運動」という言い方をトマスはしています。どういうことか、ごく簡単に説明しましょう。「感情」というのは、passio《パッシオ》という言葉の訳であり、そして、この言葉は「受動」という意味でもあるのだと、これまで何度も説明してきましたね。ところが、神には「受動」は存在しないのです。

人間の抱く「愛」という「感情（passio）」について、「欲求されうるもの」からのはたらきかけを受動的に被《こうむ》って、「欲求されうるもの」の「刻印」を心のうちに受け取って、変化させられる、とこれまで説明してきましたね。これが人間における「愛」という「感情・受動（passio）」の発生の仕方なのです。

ですが、神には「受動（passio）」が存在しないので、「感情（passio）」も存在しないというのがトマスの見解になります。

学生　なぜ神には「受動」が存在しないのでしょうか。

哲学者　もし「神」が存在するのであれば、それは原理的に「完全」な存在でしかありえません。そして、「完全」な存在である以上、神が人間のように「成長する」「成熟する」というようなことは考えられません。なぜなら、「成長する」ということは、逆に言えば、それまでは「未熟だった」ということになってしまうからです。神は最も完全な存在、それ以上完全なものがありえない存在ですから、時間的に発展するということは、原理的に考えられないわけです。

それゆえ、もしも神に「変化」ということがありうるとしたら、より不完全な在り方へと変化するということしかありえないわけですが、それはそれでおかしな話ですよね。完全な存在がわざわざ不完全な在り方へと意図的に変化するなんて理屈に合わないですし、より不完全な在り方へと変化せざるをえないのであれば、本当は「完全」ではなかったという話にもなるわけです。「神」が存在するとすれば、それはどのような存在でなければならないのかという話は、『神学大全』第一部の「神論」の冒頭にまとめて出てきます。「神の存在証明」といった話も含めて、この部分だけでも一冊の本を書けるくらいに興味深い議論がいろいろあるのですが、ざっくりと言ってしまうと、神は「全知」「全能」「最高善」「完全」「永遠」「不変」といった在り方をしているということが述べられています。

こんな感じで、神は、永遠不変な仕方で完全な善を有している存在であり、神以外の存在からのはたらきかけを受動して変化したりすることはないのです。神はひたすら能動的な存在だと言うこともできます。

「欠如」と「充実」に基づいて活動する

学生 なるほど、そういうことですか。そうすると、徹底的に能動的な存在である神と、受動的に感情を抱きながら生きている人間とでは、かなり在り方が異なることになりますね。人間は、単に神を縮小したような存在ではないということがよくわかりました。

今日は、初めて本格的に神学的な話を聞かせていただいて、とても新鮮でした。結局、人間は神に類似している面と異なる面の両面があるということだったと思うのですが、その両面を合わせると、人間についてどのようなことが新たに見えてくるのでしょうか。

哲学者　そのことを明らかにするには、『神学大全』第三部のキリスト論のなかにある言葉を手がかりにするのがいいと思います。第二三問題第一項の第二異論解答にある次のテクストです。

> 自らの欠如を補うためにはたらきを為すことは人間に属することであって、神に属することではない。神にふさわしいのは、自らの完全性の満ち溢れを分かち合う(communicare)ためにはたらきを為すことである。

「自らの欠如を補うためにはたらきを為すこと」と「自らの完全性の満ち溢れを分かち合う(communicare)ためにはたらきを為すこと」とが対比されていますね。もう少し簡潔に言い直して、「欠如に基づいた活動」と「充実に基づいた活動」と言ったほうがわかりやすいでしょうか。

このテクストは、完全性を持つ神とは異なり、人間には「欠如に基づいた活動」のみが可能であって、「充実に基づいた活動」はできないと言っているだけのように見えるかもしれません。しかし、これまで話してきたとおり、人間においてもcommunicareを行うことは可能です。むしろ、トマスは、「欠如に基づいた活動」と「充実に基づいた活動」の両者が絶妙に結びついて存在しているところに、人間存在の特徴を見出しているのです。

学生　どういうことでしょうか?

哲学者　人間は、「善さ」や「完全性」を欠いていればいるほど、自らの存在の保持と発展のために、他者から何かを補ってもらうことが必要であり、そこで出てくるのが「欠如に基づいた活動」です。他方、「善さ」や「完全性」を有していればいるほど、その豊かさを他者へと分かち合うこともできるわけです。それが「充実に基づいた活動」ですね。

人間が「愛」という「感情」を抱くのは、外界の「善（欲求されうるもの）」のはたらきかけを受け、その「刻印」が心に刻まれることだという話をこれまでしてきましたが、それを今の話に関係づけて言い直すと、人間は不完全な存在であるからこそ、自分とは異なる「善（欲求されうるもの）」のはたらきかけを受容し、より豊かな存在になっていくことができるということになります。

もし人間が無理に神に似た在り方を目指して、「充実に基づいた活動」のみに従事しようとしたら、少しずつ神に似てくるどころか、むしろ、善の補充がおろそかになり、欠落が深まっていくばかりでしょう。人間は、神のようにあらゆる善を永遠的な仕方で保持しているのではなく、生まれながらに根源的な欠如を抱えており、外界の諸事物によって補われてはじめて生きていくことのできる存在です。その人間が、そうした根源的な欠如を認めずに、独立的な自足を目指すならば、欠如の克服につながるどころか、欠如がますます深まってしまいます。

「神」について考えてみるということは、単に、キリスト教徒が自らの信仰を深めるために取り組む課題なのではなく、こうした仕方で、「人間」の可能性と限界について考える新たな視座を与えてくれるものでもあるのです。

学生　自らに欠如があるからこそ善のはたらきかけを受けることができ、一方で自らが充実しているからこそ善を分かち与えることができる。そして、そのいずれにも喜びを感じられるのが人間という存在なのですね。たしかに、このような視座に立つと、生きていくことに対して、より肯定的になれるような気がします。

　こうしてキリスト教神学の考え方を聞いてみると、信仰を持っていなくても、意外に知的充足感が得られるものですね。もう今日も遅くなってしまいましたので、次回はこれまでの話をあらためて振り返って、いろいろと質問させていただきたいと思います。

哲学者　そうですね、疑問点にお答えしながら、まとめになるようなお話をしていければと思います。

学生　ぜひ、よろしくお願いします。

第十章　世界は「善」に満ちている

「何も好きになれない」ことのつらさ

学生　今日はこれまでの先生のお話を私がどのように受けとめたかを、いくつか質問も交えながらお伝えしてから、「肯定の哲学」についてのお話をもっと詳しくお聞きできればと思っています。

哲学者　わかりました。

学生　毎週、お話をうかがっていろいろと考えたのですが、結局のところ、「肯定の哲学」の核になるのは、「愛」についての理論なのだと理解しました。だからこそ、トマスは、「愛」という感情のことを、「欲求されうるものから被《こうむ》る欲求能力の第一の変化」「愛されるものの刻印(impressio《インプレッシオ》)」「欲求されうるものが気に入ること（complacentia appetibilis《コンプラケンティア　アペティービリス》)」「善が気に入ること

(complacentia boni《ボニ》)」など、実に様々な概念を駆使しながら定義しているのですね。

哲学者 そのとおりです。

学生 「愛」の話で面白かったのは、まず、「愛」という感情が、心の中から自発的に生まれてくるというよりは、むしろ、外界の魅力的なものから揺り動かされることによって受動的な仕方で生じてくるという点でした。

また、「complacentia《コンプラケンティア》(気に入ること)」という言葉のなかに、「placeo《プラケオー》(喜ばせる)」という言葉が含まれていて、何らかのものに対して「愛」を抱くこと自体のなかに、すでにある種の「喜び」が含まれているというお話は、とても啓発的でした。

哲学者 そう言ってもらえるのは、嬉しいですね。complacentia というラテン語の成り立ちまでしっかり覚えて、深く理解してくれているということに、君の「肯定の哲学」に対する「愛」を感じます。

学生 なぜ私が complacentia というラテン語まではっきり覚えているかというと、その直前に先生が言われた、「何かを気に入るかどうかは、生きていくうえでとても重要だ」という言葉に、雷に打たれたような衝撃を受けたからです。

個人的な話ですが、実は私は、高校時代に、何にも興味を抱くことができなくなった時期がありました。朝起きて家族と顔を合わせても、会話をする気も起きない。学校に行って授業を受けたり同級生と話をしたりしていても、実感とか手応えとかいったものを一切感じることができない。何を見ても、何を食べても、どんな音楽を聴いても、まったく無味乾燥で砂を噛《か》むような感じしかしなくなってしまったのです。一言で言うと、何も好きになることができない、そして、何も好きになることができない自分自身も好きになれない、そんな状態だったのだと思います。

哲学者　それは本当につらい体験でしたね。前にもご説明したように、私たちの日常生活は、何かを「気に入ること」によって支えられています。「何も好きになれない」というのは、一見、たいした苦痛ではないように思えますが、あらゆる感情の根源である「愛」が損なわれてしまっている状態であり、人間の精神を深刻な危機に陥らせるものだと思います。

学生　まさにおっしゃるとおりで、本当に耐え難い苦痛の日々でした。

哲学者　どうやって、その状態から抜け出せたのですか？

学生　それが意外なことに、たまたま国語の授業で教科書に出てきた中島敦の「山月記」を読んだことがきっかけになったのです。その頃は何を読んでも、何も感じないというか、どんな文章も自分を素通りしていく感じだったのに、なぜか「山月記」だけは、内容と言い文体と言い、とても心に染み入ってくるものがあり、久しぶりに手応えを感じることができました。物語自体は重い内容なのに、なんとも言えない喜びを感じたのです。いろいろと余裕がなくて、中島敦の他の作品を読み進めることまではできなかったのですが、大学に入ったら文学系・人文系の勉強をしてみたいなと思う大きなきっかけになりました。

何かを気に入ることそれ自体が「喜び」を与えてくれるというお話は、この経験とも響き合うところがあって興味深いものでしたし、しかも、まさか中世ヨーロッパのキリスト教の神学者であるトマスのテクストのなかに、そのような話が出てくるなんて全く予想だにしていなかったので、本当に思いがけない喜びでした。

哲学者　そう言っていただけると、私も嬉しいです。

「欲求されうるもの」とは何か

学生　ただ、そのうえで、これまでの話を振り返ってみて、一点、確認しておきたいことがあります。さきほども触れた「欲求されうるものが気に入ること（complacentia appetibilis）」という概念についてなのですが、先生は、以前この「欲求されうるもの」という言葉が出てきたさいに、とりあえず「魅力的なもの」という意味くらいで理解しておけばよいとおっしゃったのですが、本当にそうなのですか。

「魅力的なものが気に入ること」というように言い直してみると、なんだか変な感じがするのです。「魅力的」であれば、「気に入る」のは当たり前ですよね。なんだか単なる同語反復とすら思えますし、そもそも、トマスのような哲学者がわざわざ「欲求されうるもの」という持って回った言い方をするのであれば、そこには何か積極的な意味があるのではないかという気がするのです。

先生ご自身、「とりあえずは」という言い方をされていましたし、本当は、この「欲求されうるもの」という概念にはもっと深い意味があるのではないかと思っています。そのあたりのお話から聞かせていただけないでしょうか。

哲学者 君がこの言葉に引っ掛かりを覚えたということ自体、これまでの話をとてもよく理解してくれていることの表れだと思います。

君が正確に記憶してくれているように、「魅力的なもの」というのはトマスが使っている言葉ではなく、説明の便宜上、わかりやすくするために私が使った言葉です。でも、こういうわかりやすい言い換えというのは、話の導入のさいには便利ですが、基本的なことをある程度理解した後になると、むしろ理解の障害になることもあります。

学生 やはり、「欲求されうるもの」というのは、単に「魅力的なもの」というのとは、ちょっと異なるニュアンスを含んでいるのでしょうか。

哲学者 優れた哲学書を読むさいには、一字一句蔑《ないがし》ろにせずに読もうとする姿勢が不可欠です。一流の哲学者であれば、必ず、一つひとつの言葉の選択にこだわり抜いたうえで、それぞれの言葉を使っているはずだからです。哲学体系という建築物の素材は言葉にほかならないわけですから、優れた哲学体系は、一つひとつの選び抜かれた言葉があってはじめて存在しうるわけです。「欲求されうるもの」というのも、そういう言葉の一つで、「魅力的なもの」と言い換えてしまうと抜け落ちてしまう側面がけっこうあります。

学生 どのような点が抜け落ちてしまっているのでしょうか。

哲学者 「欲求されうるもの」は appetibile《アペティービレ》 というラテン語の翻訳です。appetibile は、appetere《アペテレ》 という動詞に由来します。appetere は、「欲求する」という意味です。bile という語尾は、「可能」と「受動」の意味を表します。ですので、「欲求されうるもの」という意味になるのです。欲求する側が欲求する能力を持っているのみではなく、欲求される対象の側が欲求される可能性を有していると考えるわけです。

トマスによると、それぞれのものには、それぞれのものに固有の「欲求される可能性」があるのです。たとえば、カボチャには「人間によって食料として欲求される可能性」がありますが、石には「人間によって食料として欲求される可能性」はありません。「欲求される可能性」というい言い方は少しぎこちないので、これからの話のなかでは随時「欲求可能性」と略しますが、欲求者の側が欲求を抱く可能性という意味ではなく、欲求されるものの側が持っている欲求される可能性のことだと理解してください。

学生　わかりました。気をつけます。

哲学者　さて、カボチャや石であれば話はわかりやすいですが、実際には「欲求されうるもの」のなかには、もっと微妙なものがたくさんあります。

たとえば、クラシック音楽を例にとって説明してみましょう。小さな頃は、クラシック音楽を聴いても、退屈な音楽だとしか思わなかった子供がいるとします。しかし、育っていく過程で、様々な機会にクラシック音楽を聴く経験を積み重ねていくなかで、聴く耳を少しずつ身につけていく。そうすると、最初は退屈としか思えなかったのに、クラシック音楽を「聴きたい」という欲求が心の中で次第に育ってくる。たまたま耳にするときに「悪くない音楽だな」と思うだけではなく、クラシック音楽を積極的に聴きたいという欲求が生まれてくるわけです。そのとき、クラシック音楽は、「欲求されるもの」になっています。実際に欲求されているものになっている、という意味ですね。

それでは、この子供が小さい頃は、クラシック音楽は「欲求されるもの」ではなかったのでしょうか。実際に欲求されてはいなかったという意味では、「欲求されるもの」ではなかったと言ってもいいのかもしれません。ですが、だからといって、それは「欲求されえないもの」だったわけではないですよね。実際には欲求されていなかったけれども、子供の情緒的成熟に応じて実際に「欲求されるもの」になる可能性を有していたという意味において、クラシック音楽は「欲求されうるもの」であったと言うことができるわけです。

「欲求されうるもの」と「欲求する主体」との共同作業

学生　「欲求されうるもの」という言葉の含意はよくわかりました。たしかに、「魅力的なもの」という言い方では表現できないニュアンスがこの言葉には含まれていると思います。「魅力的なもの」と言われると、はじめから誰にとっても魅力的なのだととにかく決まっているような印象を受けますが、「欲求されうるもの」という言葉を使うと、いま先生が説明してくださったような微妙なニュアンスをより柔軟に表現できると思います。

哲学者　この「欲求されうるもの」という概念は、欲求する主体の側にのみ根拠があると考えることも、欲求されるものの側にのみ根拠があると考えることも、どちらも一面的だということを表しています。欲求の運動が成立するのは、「欲求されうるもの」と「欲求する主体」との共同作業によるのです。

学生　そういえば、欲望的な感情の話をうかがったさいにも（一〇四頁）、「欲望」「喜び」という感情が共同作業で生まれてくるとおっしゃっていましたね。すっかり忘れていました。あのときは気づきませんでしたが、ここは「肯定の哲学」を理解するうえで、非常に重要なポイントになりそうな気がします。

哲学者　これまでは、話をわかりやすくするため、どちらかと言えば、「愛」という感情について、受動的に生まれてくるという点を強調してきました。

ですが、それは話の半面に過ぎません。「愛」が成立するにあたっては、はたらきかけを被《こうむ》る私たち自身の在り方もまた大きな影響を及ぼしているのです。これまでの話の積み重ねのなかで、もう十分準備ができたと思うので、ここでは反対に、「能動性」の重要性について考え直してみましょう。

学生　ぜひお願いします。

哲学者　「愛」が成立するにあたって、「欲求されうるもの」の側のはたらきかけのみではなく、はたらきかけを被る側の在り方も重要な役割を果たしています。

たとえば、同じ時に同じ音楽が聞こえてきても、心を打たれる人もいれば、打たれない人もいます。また、同じ人であっても、以前はその音楽に心を動かされなかったのに、いまは激しく揺り動かされるということも起こったりします。

クラシック音楽の魅力に目覚めた子供の話に戻ってみましょう。小さい頃、クラシック音楽を聴いても退屈でしかなかったのに、両親に繰り返しクラシックのコンサートに連れて行ってもらったり、家でかかっているCDを聴いたりしているうちに、自ずとクラシック音楽を味わう耳が形成されてくる。そして、同じ曲であっても、この演奏はすごいが、あの演奏はたいしたことがないというようなことが聴き分けられるようになってくる。

また、小さいときには、親から与えられる環境が重要かもしれませんが、次第に、自分で自分の耳を訓練することもできるようになってきます。たとえば、毎日一曲はクラシック音楽を聴くという習慣を身につけて、優れた演奏とそうではない演奏を聴き分ける耳を形成していくとかですね。能動と受動という文脈に即して言うと、「よいクラシック音楽によって感動する（受動する）ことができる人間になれるように、能動的に自己を形成する」という言い方をすることができます。

このように、「欲求されうるもの」であるクラシック音楽と、欲求主体である自分との相互関係のなかで、「クラシック音楽が自分の心を揺り動かす」という出来事が生まれてくるのです。

「最善の味覚」は存在するか

学生　今のお話でちょっと違和感を覚えたのは、「この演奏はすごいが、あの演奏はたいしたことがないというようなことが聴き分けられるようになってくる」というところで、まるで「すごい演奏」と「たいしたことのない演奏」というものが客観的にあるかのように聞こえた点です。何をいい演奏と考えるかは、人それぞれの価値観の問題であって、千差万別なのではないでしょうか。これまでのトマスの話でも、客観ではなく主観が大事だという話だったはずです。それに、自分は「すごい演奏」を聴き分ける耳を持っているけれども、他の人は「たいしたことのない演奏」をありがたがっている「レベルの低い連中」だなどと考えているのだとしたら、けっこう嫌な感じですよね。

哲学者　なるほど。実はその質問は、今の話をすると必ず出る質問のひとつです。この問題を考えるのにとても適したトマスの言葉があるので、それを手がかりに話を進めていきましょう。

音楽ではなく食べ物、味覚についての話ですが、とても参考になると思います。『神学大全』第二部の第一部第一問題第七項「すべての人に一つの究極目的があるか」の主文の線が引いてある部分を読んでみてください。

学生　わかりました。

甘いものはすべての味覚にとって快適である。だが、ある人たちにとってはワインの甘さが、〔別の〕ある人たちにとっては蜜の甘さ、または何かそういったものの甘さが快適である。だが、最善の味覚を有する人が最高度に快適さを感じるものが、端的に最も快適なものであるのでなければならない。

哲学者　ありがとう。ここでトマスが使っている味覚の比喩は、実はアリストテレスに由来するものですが、それはともかく、この言葉が興味深いのは、「味覚」というものの相対性、すなわち何を美味しいとみなすかが人によって異なるという事実を認めつつも、同時に、それが単に相対的なものではなく、「最善の味覚を有する人」によって認識されうる「端的に最も快適なもの」があることを認めている点です。

学生　「最善の味覚を有する人」なんて存在するのですか？　現実離れした話としか聞こえないのですが。

哲学者　それに対しては、いろいろな答え方ができますが、一番わかりやすいのは、やはり、具体例を挙げることだと思います。このテーマに関しては、実はとても身近でわかりやすい実例があるのです。

学生　どんな例でしょうか。

ソムリエは何を訓練しているのか

哲学者　「ソムリエ」という職業はご存知ですね。

学生　はい。レストランで、私たちの相談に乗りながらワインを選んでくれる専門家ですね。

哲学者　そうですね。あらゆる専門家がそうであるように、ソムリエの人たちも、自らの仕事に関わる訓練を受けたうえで、専門家となります。ソムリエの場合には、ワインをテイスティングする訓練を受けます。

訓練を受けると、どのワインがよいワインで、どのワインがそれほどではないワインなのか、かなり見解の一致を見せるようになります。評価が完全に同じになるということはないにしても、「一流のソムリエであれば、こんなワインを高く評価するわけがない」とか、「いやしくもソムリエを名乗っているのであれば、このワインのよさがわからないはずがない」とか、そういった仕方で評価の収斂《しゅうれん》が起こってくるわけです。

学生　それは、自然な評価ではなく、一種の洗脳だと考えることはできないでしょうか。「ソムリエの業界で生き残っていきたいのであれば、このワインは美味しいと言え、あのワインはたいしたことがないと言え」と教え込まれるということではないですか。

哲学者　一方的に固定的な知識として頭に教え込むのであれば、「洗脳」だと言えないことはないかもしれません。ですが、こうした訓練の本質は、固定的な知識を身につけるというよりは、むしろ、テイスティングを繰り返すなかで、様々な味を柔軟に味わい分ける能力が、その人のうちに自ずと育ってくるところにあります。全く新しいワインの銘柄が出てきても対応できるような能力を身につけていくことが大事なのです。新しい銘柄であれば、あらかじめ洗脳しておくことはできません。

学生　なるほど。たしかに、「固定的な知識として教え込まれる」のではなく、「様々な味を柔軟に味わい分ける能力が自ずと育ってくる」ということであれば、「洗脳」にはならないですね。

「よく整えられた心の在り方」を有する人

哲学者　さきほどは、私があらかじめ線を引いておいた部分だけを読んでいただいたので、主文の最後の一文が省《はぶ》かれていました。ここまでの話を踏まえたうえで、あらためて、その部分も含めて読んでみてください。

学生　了解しました。

甘いものはすべての味覚にとって快適である。だが、ある人たちにとってはワインの甘さが、〔別の〕ある人たちにとっては蜜の甘さ、または何かそういったものの甘さが快適である。だが、最善の味覚を有する人が最高度に快適さを感じるものが、端的に最も快適なものであるのでなければならない。それと同じように、よく整えられた心の在り方を有する人が究極目的として欲求するところの善が、最も完全なものであるのでなければならない。

哲学者　はい、ありがとう。この最後の一文で、「よく整えられた心の在り方を有する人」と言われている人は、別の言い方をすれば、「徳を有する人」ということになります。「気概的な感情」について説明したときに、「徳」についての話をしたのを覚えていますよね。

トマスがここで意識しているのは、古代ギリシアに由来する「枢要徳」――「賢慮」「正義」「勇気」「節制」――のみではなく、キリスト教的な「神学的徳」――「信仰」「希望」「愛徳」――をも兼ね備えた人物のことなのですが、ここでは「神学的徳」の詳細についての理解はとりあえず必要ありません。以前詳しく触れた「節制」という「徳」の話に限定して、論じてみたいと思います。

学生　わかりました。

哲学者　「節制」についてのトマスの説明を思い出すさいに、とにかく押さえておいてほしい点は、「節制」という「徳」を身につけるということは、何かをいやいや我慢するとか、「喜び」と無縁な生活を送るというような禁欲的なことではなく、むしろ、より持続的でより安定的な「善」――食欲に関して言うならば「健全な食生活」――へと向かうことによって、より持続的でより安定的な「喜び」を感じることができるようになるということです。

また、そのような健全な食生活を送れていると、食生活以外のことに対しても、柔軟に目を向けることができるようになります。極端に「不節制」な人や、あるいは何かの中毒になっている人を想像してみると、わかりやすいかもしれませんね。その「欲望」に過度にとらわれてしまうと、その他のことに目を向ける柔軟性が失われてしまうのです。

「勇気」という「徳」についても同様です。困難な状況から逃げてばかりいる臆病な人は、たとえうまく逃げ続けることができたとしても、多くの「善」を失うことになるでしょう。困難に立ち向かうことによってのみ獲得できる「善」を、手に入れる機会を逃してしまうからです。

「徳」を身につけると「喜び」が拡大する

学生　「徳」を身につけることができれば、より豊かに「善」と出会い、より「喜び」に満ちた人生を送ることができるということでしょうか。

哲学者　そのとおりです。前回の最後のほうでお話ししたように、全知全能の神とは異なり、人間はとても不完全な存在です。子供が不完全だというだけでなく、大人であっても「これで人間として完成」ということはなく、常に成長し続けていくのが人間という存在の大きな特徴ですね。

いま自分に見えているものが、この世界のすべてではない。この世界のうちには、まだ自分には見えていない様々な価値、様々な「善」が存在している。ある種の訓練――たとえば味覚の訓練――を積むことによって、または「徳」を身につけることによって、もしくは自分の心にふとした機会に訴えかけてくる何らかの「善」との出会いによって、より多様で豊かな「善」の世界へと自らが開かれていく。私たちの生きているこの世界には、未知なる「善」が計り知れないほど埋《うず》もれているのだ。――そういう感覚を持って生きることができれば、人生の奥行きというか広がりというか、そういうものが随分と変わってくるのではないかと思います。

学生　なるほど。それが先生のおっしゃる「肯定の哲学」なのですね。

哲学者　良質なワインの美味しさが、ワインを飲み慣れていくなかで徐々にわかってくるのと同じように、この世界の素晴らしさというものも、最初からすべて把握できるようなものではありません。そうではなく、それぞれの人生を生きていくなかで、徐々に明らかになっていくものなのです。

学生　たしかに、私がいま現在じっさいに欲求しているもの以外に、私の欲求を惹《ひ》きつけるものが存在しないとしたならば、この世界は無味乾燥なものになってしまうでしょうね。

哲学者　自分がいま現在欲求してはいないもの、または、存在することを知らないようなものも含めて、この世界のなかには実に多様なものが存在しています。それらのものは、いま現在私によって欲求されていなくても、だからといって私と全く無関係だというのではなく、「欲求されうるもの」として留まり続けているのです。

学生　だいぶ「肯定の哲学」というものがわかってきましたが、話がまだ少し抽象的で、実感を伴ってわかるという感じには至っていません。もう少し具体例を挙げてもらえると嬉しいです。

「欲求されうるもの」に充ち満ちた世界

哲学者　そうですね。たとえば、君が絵画に全く興味がないとしましょう。他方、いま君の心のかなりの部分が、お付き合いしているAさんによって占められているとします。ある日、君はAさんからシャガールの展覧会に誘われます。展覧会それ自体にはさほど興味を持っていないものの、Aさんと一緒に時間を過ごしたいと考えて、君は展覧会に行く。最初のうちは退屈していたけれども、会場の真ん中ほどに展示されていた「デイジーと恋人たち」という作品がふと目に飛び込んできて、君の心に強い感銘を与える。その一つの作品との出逢いに触発されて、君の心に、シャガールの絵画をもっと見たいという欲求が目覚めてきます。

これまでは実際にシャガールの絵画が君の欲求の対象になることはなかったけれど、実はこれまでも、何かのきっかけがありさえすればその魅力に心を打たれる可能性があった。シャガールの作品は、これまでも「欲求されうるもの」として自分の傍《かたわ》らに存在し続けていたのだということに君は気づくわけです。

学生　いまのお話は、具体的で、とてもわかりやすいですね。でも、いまの例を説明するために、「欲求されうるもの」というような持って回った言い方をする必要があるのですか。「以前はシャガールの絵を見たいとは思っていなかったが、いまは見たいと思っている」という私の欲求に基づいた説明だけで十分なような気もします。

哲学者　この具体例が示唆しているのは、もっと大きな可能性なのです。この出来事を通じて、君は、シャガールの一作品の魅力に気づくだけではなく、他のシャガール作品も心に響いてくるのではないかという予感に基づいて展覧会の残りの部分を見ていくことになります。すると、それまでは気づけなかったシャガール作品の魅力が目に飛び込んできて、君の心に強い感銘を与える他のいくつかの作品に出会えるようになる。

そして、いったん君の心がそういう状態になってから、最初は退屈に思えた展覧会の前半の作品群を見直していくと、そのなかにも君の心に訴えかけてくる作品があることに気づきます。そうすると、君の心には、「シャガールのことをもっと知りたい」という強い欲求が湧き上がってくる。それだけではありません。これまでは君にとっては存在しないも同然だった「絵画の世界」という領域全体が、君の欲求を呼び覚ましうる広大な沃野《よくや》として広がっているということに気づくことができるのです。
君の気づきは、更に広がっていく可能性もあります。たとえば、「絵画」という芸術の一分野のみではなく、これまではさほど関心のなかった「音楽」に関しても、自分の欲求を強く呼び覚ましてくれる作品との出会いがありうるのではないか、まだ自分が気づいていないだけで、この世界は、私の心を共感で揺すぶる実に豊かな事物で充ち満ちているのではないか、そういう感覚をこの経験は与えてくれるかもしれません。

学生　なるほど。ひとつの「善」との出会いは、それだけに留まるものではなく、さらなる「欲求されうるもの」の存在を予感させ、それがより多くの「善」へと自らを開いていくきっかけとなる。このような仕方で、この世界は「欲求可能性」で満たされているんだという肯定的な感覚を与えてくれるわけですね。

「虚しさ」を克服する方法

哲学者　「欲求可能性に目覚める」というような抽象度の高い言い方をすると手応えを感じにくいかもしれませんが、この世界の様々な事物に「欲求可能性」を感じることができるかどうかということは、私たちが幸せに生きていくうえで、死活的に重要なことだと思います。
君が高校時代に調子を崩したときのように、様々なものに取り囲まれていても、そのいずれからも、何の刺激も受けず、欲望を触発されることもなかったとしたら、私たちの人生はどうなってしまうでしょうか。生きていても何も欲しいものもなければ、やりたいこともない。そんな状態に陥ったとしたならば、生きている意味はほとんど感じられず、手応えのなさ、虚しさを抱えながら毎日の生活を送らざるをえなくなってしまうでしょう。この世界が様々な「欲求可能性」に満ちていることに気づいて、はじめて、生き続けていくことの意味や張り合いが感じられてくるわけです。

学生　身近な友人と話をしていても、今の時代、「虚しさ」や「手応えのなさ」といった問題に苦しんでいる人はけっこう多いような気がします。

哲学者　「虚しさ」とか「手応えのなさ」という問題は、人によって、感じる度合いの差が大きいとは思いますが、人生において、多かれ少なかれ、様々な仕方で直面せざるをえない問題だと思います。しかも、一度何かのきっかけで克服すればそれで完全に解決できるといった類のものではなく、様々なきっかけで、様々なときに直面しうる課題なのです。自分の欲求が思いどおりにかなえられないことに虚しさを感じることもあれば、欲求が無事にかなえられたけれども、思っていたような満足感が得られないこともあるでしょう。そもそも何を欲求すればよいのか、何を目指せばいいのか見えてこない、自分がやりたいことがわからないといったことから由来する虚しさもあると思います。

学生　虚しさを克服するためにはどうすればよいのでしょうか。

哲学者　何らかの哲学理論を学べば、それで虚しさがいっぺんに克服されるというようなことはないと思います。

学生　トマスはキリスト教の神学者ですから、神の「恩寵」や「神秘」にすがるしかないという話になるのでしょうか？

哲学者　宗教を信じたりすれば虚しさがいっぺんに解決されるというようなこともないでしょう。たしかに、トマスは、人間の究極的な幸福は、天国において顔と顔を合わせて神を直接見ることだという意味のことを言ったりするわけですが、そのようなことが実際にありうるのだと信じるだけで虚しさを感じなくなるとか、そんなことはないと思います。

学生　それではどうすればよいのでしょうか。

哲学者　残念ながら、虚しさを簡単に克服する方法はないのではないかと思います。ただ、今日、最初に君が言及していた「愛されるものの刻印（impressio《インプレッシオ》）」というトマスの表現は、とても示唆的です。より正確に言うと、「ある人が何らかのものを愛するということに基づいて、愛する者の心（affectus《アフェクトゥス》）のうちに、愛されるもののいわば何らかの刻印（impressio）が到来する」（『神学大全』第一部第三七問題第一項）とトマスは述べています。こうした一つ一つの「刻印」を大切に育《はぐく》んでいくことが、虚しさに圧倒されてしまうような状況を打開していく手がかりを与えてくれると思うのです。

学生　「刻印」を育んでいくというのはどういうことでしょうか。

哲学者　「刻印」に関しては、これまでも何度か話してきましたね。「いいな」と思うものから心を揺り動かされることによって、受動的な仕方で「愛」という感情が生まれてくる。「愛されるもの」が、愛を抱く主体である私の心のなかに住み始める、というような仕方で説明してきたと思います。

ですが、もう少し踏み込んで言うならば、愛することのできる新たな対象に出会うということは、自分の心が、その対象によって活性化させられる、新たな生命を与えられる、少し難しい言葉を使うならば、賦活《ふかつ》されるということなのです。

「傷つきやすさ」の重要性

学生　受動的に「刻印」を受けることによって、新たな生命を与えられるということですか。そうすると、「受動性」というのは、人間にとって極めて重要なものということになりますね。

哲学者　前回もお話ししたように、人間は、神のようにあらゆる善を完全に自らのうちに有しているわけではなく、常に、外部から「善」を取り入れて生きていかざるをえない存在です。言い換えれば、人間は、生まれながらに、根源的な欠如を抱き続けなければならない。

「受動的」とか「受動性」という言葉は、「そういう受け身の生き方をしていてはダメですよ」といったような仕方で、批判的な意味を込めて使われることが多いかもしれません。でも、人間は、「全能」でもなければ「全知」でもなく、「完全」でもなければ「永遠」でもなく、「不変」でもありません。毎日毎日、いや、毎瞬毎瞬、外界からの影響にさらされ続けながら生きていかざるをえないのです。「受動性」ということは、人間存在にとっての本質的な構成要素の一つなのです。

英語に、vulnerable《ヴァルネラブル》とかvulnerability《ヴァルネラビリティ》という言葉がありますね。vulnerableは、「傷つきやすい」「脆弱《ぜいじゃく》な」というような意味で、vulnerabilityは「傷つきやすさ」「脆《もろ》さ」「脆弱性」などと訳されます。この言葉はもともとはvulnerabilis《ヴルネラビリス》というラテン語の形容詞に由来しています。そして、vulnerabilisという語は、「傷つける」という意味のvulnerare《ヴルネラーレ》という動詞に、「可能」と「受動」を意味するbilisという接尾辞が付加されて形成された形容詞なので、「傷つけられることが可能な」「傷つけられうる」という意味になるのです。

学生　そのbilisという接尾辞は、これまで出てきた「欲求されうるもの」と訳されるappetibile《アペティービレ》の接尾辞bileと同じものですか。

哲学者　よく気づきましたね。ラテン語は、名詞や形容詞の性によって単語の語尾が活用するので、少し違う形になっていますが、同じものです。

学生　わかりました。

哲学者　「神」と「人間」とを比較するときにまず露《あら》わになってくるのは、まさに人間は「傷つきうるもの」だという、この点なのです。「完全」で「不変」で「永遠的」である神に対して、人間は、「不完全」で「可変的」で「時間的」な存在です。この広大な世界のなかで、日々起こり続ける多様な出来事にさらされ続けながら、生きていかざるをえないのが人間に与えられた条件なのです。

学生　人間がそういう傷つきやすい存在である以上、外界からの刺激を遮断した環境にある修道院に籠《こ》もったりして、感情の動揺が生じないように黙想するというのが解決方法になるのでしょうか。最近では、マインドフルネスなども流行《はや》っているようですが……。

哲学者　いえ、そうではありません。「キリスト教」と言っても、内実は実に多様ですから、そういう発想をする「キリスト教徒」も実在するかもしれません。ですが、少なくともトマスの発想はそのようなものではありません。さきほども説明したように、トマスは、欠如を抱えている人間は、常に外部から「善」を取り入れて生きていかざるをえない存在だと考えていました。以前、「感情の分類」のお話をしたさいに、ストア派とペリパトス派の話をしたのを覚えていますか。

学生　はい。ストア派は「感情」に動かされないアパテイアという在り方を理想としたのに対して、アリストテレスに由来するペリパトス派は、「感情」にはいい感情もあれば悪い感情もあると考えたという話だったかと記憶しています。

哲学者　そのとおりです。トマスは、『神学大全』第二部の第一部第五九問題第二項「倫理的徳は感情と共にありうるか」において、ペリパトス派的な見解に賛同しつつ、次のように述べています。

　「ある人々が徳を何らかの無受動性・無感情性《アパテイア》（impassibilitas《インパシビリタス》）であり静止であると定義しているのは適切ではない。というのも、それらの人々は無条件的な語り方をしているからである」とアリストテレスは『ニコマコス倫理学』第二巻で述べている。彼らはむしろ、徳は、「あるべきでない仕方で、あるべきでないときにあるような」、そうした諸感情からの静止である、と付け加えるべきだったのである。

「感情」を抱くということは、外界の影響を被って心を揺り動かされるということですから、「感情」に対して何のコントロールもせずにいると、心がかき乱されてしまい、収拾がつかなくなってしまいます。でも、だからといって、「感情」全体をシャットアウトして、できるかぎり外界と関わらずに、外界から心を乱されないように、引きこもって生きようとは、アリストテレスやトマスは考えないわけです。

学生　二人にとって、「隠遁生活」は解決ではない、というわけですね。でも、私もたまにこのストレスフルな世間から逃げ出したくなることがあります。

哲学者　いま引用したテクストのなかで「徳」の話が出てきますが、以前説明した「勇気」の話を思い出してください。「差し迫った未来の困難な悪」に直面したときに、「恐れ」と「大胆」という二つの「感情」を適度に抱くことによって、「悪」によって脅《おびや》かされそうな「善」を確保したり、「困難な悪」を克服することを通じてはじめて獲得できる新たな「善」を手に入れたりすることができるわけですね。つまり、「善」を獲得したり維持したりするために、「感情」は実に重要な役割を果たすわけです。

学生　なるほど。人間であるかぎり「傷つけられうる」存在であり、様々な「受動・感情」を被ることから逃れることはできない。でも、「受動・感情」というのは、いやいや被らざるをえない否定的なものではなく、むしろ「善」を確保するのに役立つ肯定的なものだということですね。

哲学者　そのとおりです。

「活動」としての感情

学生　ちょっとよくわからないことが一点残っているのですが、今の「恐れ」と「大胆」の話を聞くかぎり、これらの「感情（passio《パッシオ》）」が「受動的（passive《パッシブ》）」という感じはあまりしないのですが、どうなのでしょうか。少なくとも、「そんな受動的な生き方をしていてはいけない」といった感じで非難の意味を込めて言われるさいの「受動的」という在り方とは随分と違うような気がするのですが。

哲学者　そうですね。それはとても重要な点です。これまでにも何度か説明したように、『神学大全』における感情論は、第二部の第一部第二二〜四八問題にあるのですが、同部の第六問題の序文において、この四八問題までの論述をどんな順序で進めていくかということについてトマスが説明しています。そこに、いまの君の質問とも関連する、なかなか興味深いことが書かれてあるので、読んでみてください。

学生　わかりました。

人間の諸々の行為のうちのあるものは人間に固有であり、他のものは人間と他の諸動物に共通である。そして、幸福は人間固有の善なのであるから、固有な意味で人間的であるよう

> な行為＝活動（actus《アクトゥス》）の方が、人間と他の諸動物に共通の行為＝活動よりも、幸福とより近い関係がある。それゆえ、第一に、人間に固有な諸活動〔意志的活動〕について考察する必要があり、第二に、人間と他の諸動物に共通の行為＝活動――それは魂の受動＝感情（animae passiones《アニマエ パッシオーネス》）と呼ばれる――について考察する必要がある。

哲学者　はい、ありがとう。『神学大全』第二部の第一部第一問題から第五問題までは、人生の究極目的としての幸福について語られています。その話を受けて、第六問題以降は、どのような「活動（actus）」によって幸福が獲得されるのか、または幸福への道が妨げられてしまうのかという話が始まります。

そして、第六問題から第二一問題は、人間に固有な「意志」に基づいた「活動」について論じられます。その後に第二二問題から始まるのが「魂の受動」である「感情」についての考察なのです。

このテクストで私が面白いなと思っているのは、「感情」が「行為＝活動（actus）」として捉えられている事実です。「活動」と言われると、私たちは「能動的な活動」をイメージしがちだと思います。わざわざ「能動的な活動」などと修飾するのが奇妙なほどです。「活動」が「能動的」であるのは当たり前じゃないか、と受けとめられてしまう可能性が高いですね。

でも、トマスは「魂の受動＝感情（animae passiones）」は、「人間と他の諸動物に共通の行為＝活動（actus）」だと述べているわけです。

学生　「受動」が「活動」であるとは、いったいどういうことなのでしょうか。

哲学者　「感情」を抱くということは、外界の事物から心を受動的に動かされることであり、しかも、自分とは異なる何らかの事物や人物が、単に自らの心の表層をなぞるだけではなく、自らの心の構成要素となるまでに深く入りこんでくることを意味します。ですから、自己の心の安定をかき乱す出来事だとも言えます。

じっさい、「愛」「憎しみ」「恐れ」「怒り」「絶望」といった感情に深く揺り動かされすぎることによって、人生を台無しにするような極端な行動に走ってしまうことはしばしば起こりますし、誰であれ、多かれ少なかれ、自分の「感情」のコントロールに苦慮させられた経験があると思います。

ですが、そのようなある種の危険を孕《はら》んだ対象との出会いによってこそ、私たちの心は賦活され、能動的に新たな行為に取り掛かっていくための原動力を与えられていくわけです。そのような意味において、受動的に生まれてくる「感情」を抱くということそのものが、私たちの精神を、この世界に対して深く広く開いていく一種の「行為」であり「活動」だと言われているのです。

「善」の「刻印」を受ける

学生　なるほど。受動的な仕方で生まれてくる「感情」を、「行為」「活動」という観点から捉えるというのは、とても新鮮ですし、自分の心の動きを捉え直すための大きな手がかりを与えてく

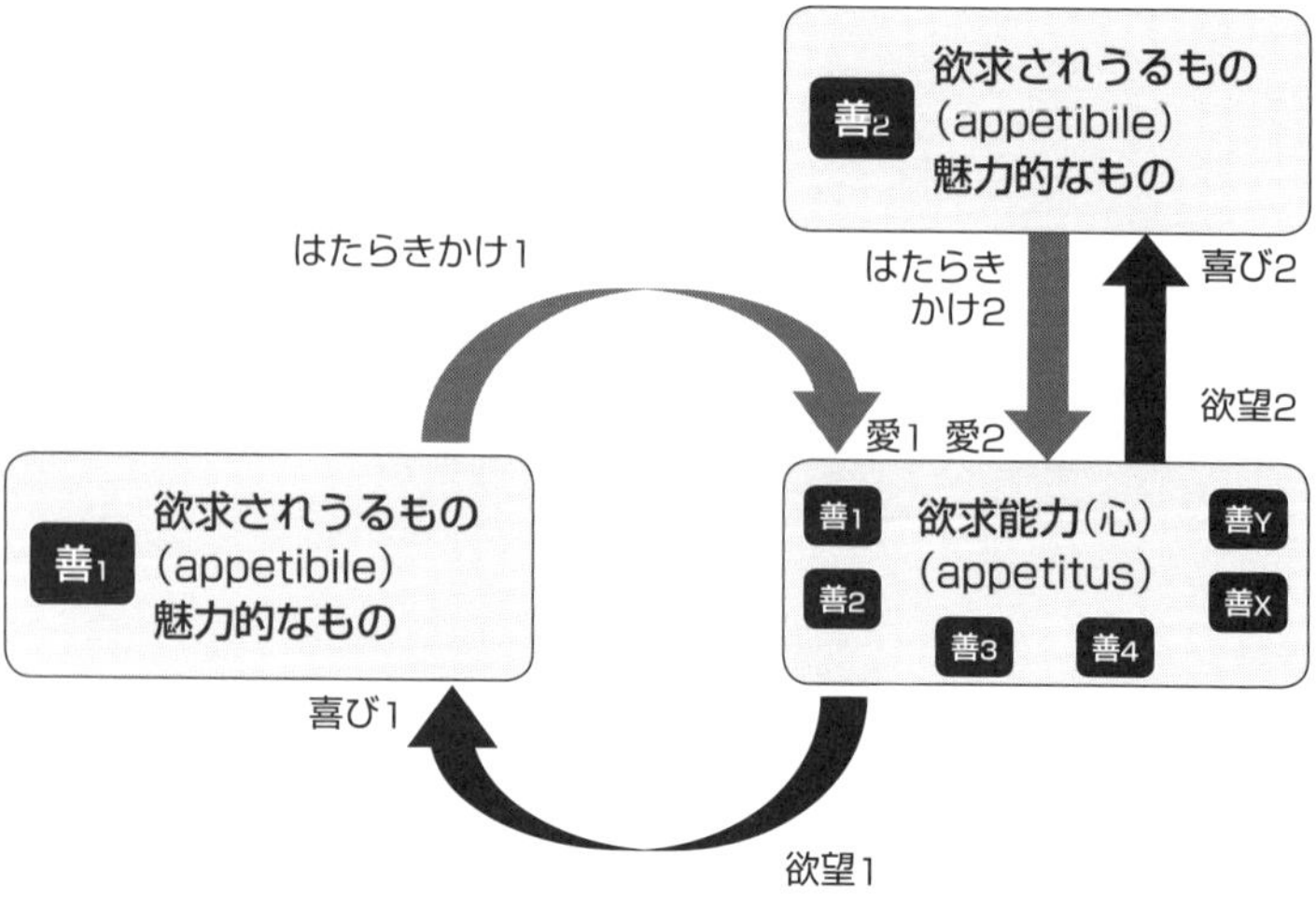

「愛」の成立構造(複数の「善」、複数の「愛」)

れそうです。

今日のお話であらためて強い印象を受けたのは、「刻印」という言葉です。そのことと関連して一つ質問があります。指輪に文字を刻印するときなどは、一度刻印すると、もう他の文字を入れることは難しくなってしまいますが、人間の心への「刻印」もそういうものなのでしょうか。それとも、様々なものからの「刻印」を同時に心の中に抱いているということがありうるのでしょうか。

哲学者　その点については、これまでの話のなかで何度も出てきた「「愛」の成立構造」の図を使って説明したいと思います。実は、この図には、もう少し複雑なヴァージョンがあるのです。お渡ししてあるプリントの一番最後のページに載せてあるので、それを御覧ください。

学生　了解しました。

哲学者　この図には、「「愛」の成立構造（複数の「善」、複数の「愛」）」というう少し長めのタイトルを付けておきました。これまでお見せしてきた図では、私の「欲求能力（心）」にはたらきかけてくる「善」は一つだけでしたね。でも、実際には、そんなことはないわけです。

たとえば、私の場合、久しぶりに大型書店に足を運んで、様々な分野の棚の前を歩いていれば、目に飛び込んできて心を動かしてくる本が、たいてい何冊もあります。そして、購入した何冊かの本をさっそく読むために、これまでに入ったことのなかった喫茶店に入ってみたら、実に雰囲気がいいし、飲み物の味もいい。流れている音楽もとても好みだけれど、これは一体何という音楽なのだろう……こんな感じで、私の心に訴えかけてくる「善（欲求されうるもの）」は実に多様で多彩でありうるわけですね。

このように、私たち一人ひとりの心の中には、様々な「善（欲求されうるもの）」の「刻印」が刻み込まれていくわけです。様々な「善（欲求されうるもの）」が心の中に住んでいるという言い方もできますね。

学生　なんだか、この図を見て、随分イメージが変わりました。思っていたよりも、とても豊かというか、この世界も人間の心も「善」で詰まっている感じですね。

「自己肯定感」を超えて

哲学者　そのような肯定的な視点を持ってもらえれば嬉しいです。ところで、今日の話の最初のほうで、君の高校時代の経験について話してくれましたが、そのなかで私がとくに印象に残ったのは、「何も好きになることができない自分自身も好きになれない」という言葉です。

学生　はい。本当に、当時の私の心境を一言で言うと、その言葉に尽きると思います。

哲学者　ここ十年くらい、「自己肯定感」という言葉が使われることがとても多くなりましたね。本屋に行くと、そういう感じのタイトルの本があふれていますし、ネットでもこの言葉が使われることがとても多いと思います。

学生　そうですね。先生の「肯定の哲学」もその流れに棹さすものではないのですか。

哲学者　人間が生きていくにあたって「肯定」というものがとても重要だと考えるという意味においてはそうですね。

学生　なんだか、先生の「肯定の哲学」は、それらとは違うと言いたそうですね。

哲学者　はい。「自己肯定感」を主題にしている本では、やはり、文字通り、「自己」を「肯定」することの大切さが強調されていることが多いと思うのです。

学生　それではダメなのですか。

哲学者　ダメというわけではありませんが、すべての人間は、この世界と切り離しえない関係性のうちに生きています。そうである以上、自己を愛するということは、自己と切り離しえないこの世界をも同時に肯定し愛するということだと思うのです。「この世界にはろくなものが存在しないし、ろくな出来事も起こらないし、周りも虫の好かない奴ばかりだけれども、自分のことだけはとても好きだ」というようなことはありえないように思います。

学生　たしかに私も「何も好きになることができない自分自身も好きになれない」と考えていましたね。

哲学者　君の言葉を逆転させて、「様々なものに心を動かされ、それらを好きになることができている自分のことが好きになる」ということも言えるのではないかと思うのです。たとえまだ実際に獲得することはできていなくても、様々な「欲求されうるもの」との「心における一致」が実現していて、多様な「欲求されうるもの」の「刻印」が心の中に存在している人は、自分を肯定しやすくなる。逆に、心の中にそういったものが全く存在しないと、心が空虚になってしまい、自分を肯定するのが難しくなってしまうと思います。

学生　先生がおっしゃりたいのは、「自己肯定感」を抱きたいのであれば、「自己」にこだわるのではなく、むしろ、この世界に充ち満ちている様々な事物や人物の「欲求可能性」に気づくことが近道だということですね。

「刻印」を育む

哲学者　はい、そのように言ってもいいかもしれません。

学生　「何も好きになることができない自分自身も好きになれない」という状態から、私はまだ必ずしも全面的に回復できているわけではありません。でも、そんな自分にとって、今日のお話は刺激的で、とても参考になりました。また、これまでの復習になった面もいろいろとあり、助かりました。
先生のこれまでのお話を通じて、トマスの魅力、そして哲学という学問の魅力が、私の心の中に深く「刻印」されてきたのを強く感じています。これから自分の専攻を決めるさいに、哲学を選ぶかどうかはまだわかりませんが、いずれにしても、これからの私の人生のなかで、この「刻印」が私に力を与えてくれるのではないかという気がしています。いえ、私の心に「刻印」されたものを、ぜひそういう仕方で育み、生かしていきたいと思います。

哲学者 私の話をそのように受けとめていただけて、これ以上に嬉しいことはありません。とはいえ、何かから少し影響を受けたからといって、すぐにその方向に進むと決めてしまわずに、立ち止まって考えてみるのも大事なことです。ある意味、それこそが哲学的に正しい態度であるとも言えます。なにしろ、この大学にも、大学の外にも、まだまだ多くの「欲求されうるもの」があり、この先、何が君の心に「刻印」を残すことになるかわからないのですから。君がそれらの「刻印」を大切に育み、愛と喜びに満ちた未来が開かれてくることをお祈りします。

あとがき――トマス・アクィナスの「刻印」

トマス「感情論」からの刻印

本書における「哲学者」と「学生」との対話はフィクションである。登場する「哲学者」は、筆者をモデルにしてはいるものの、語られるエピソードは基本的にフィクションである。だが、対話の冒頭で語られる、二十代の前半にトマスの感情論に出会って多大な影響を受けたというエピソードは、筆者自身が実際に経験した出来事だ。自分の感情の動きを理解したりコントロールしたりするために役に立っただけでなく、『神学大全』のなかに含まれている感情論のテクスト自体が、繰り返し読む愛読箇所となった。

教壇に立つようになってからも、様々な大学において最も頻繁に講読したのは、この感情論の部分であった。そして、教師である私自身、学生たちのコメントから多くのことを教えられてきた。今回の対話篇の「学生」には特定のモデルは存在しないが、これまでに感情論についての講義を聴講してくれた数千人に及ぶ学生たちの質問やコメントが凝縮して「学生」として結晶したのである。

愛とは「愛されるもの」から被る《こうむ》「刻印（impressio《インプレッシオ》）」だというのがトマス感情論の基本的な洞察である。その感情論のテクストそのものが、そしてその著者であるトマスという人物が、私の心の奥深くに刻印されて現在に至っている。

人間の心のなかに深く刻み込まれる刻印を与えるのは、同時代において実際に触れ合う他者や諸々の事物のみではない。過去の人物や、残された作品なども、我々の心に刻印を与えてくる。逆に言えば、今ここに生きている私の心に刻印を与えてくるかぎりにおいて、過去の人物や作品もまた、我々の同時代に属すると言ってもいいのかもしれない。

四半世紀以上にわたってトマス研究に従事してきた筆者の心を惹《ひ》きつけ続けてきたのは、「過去の偉人」としてのトマスというよりは、「同時代人」として、筆者の心に刻印を与え続けてくれるトマスのテクストであったのである。

トマス・アクィナスとは誰か

それでは、没後七百年以上の時を経て筆者の心に深い刻印を与えてきたトマス・アクィナスとはどのような人物であったのであろうか。

トマス・アクィナス（一二二五頃～一二七四）は、「神学者」と呼ばれることもあるし、「哲学者」と呼ばれることもある。この言い方のどちらも正しいし、どちらかのみでは一面的でもある。一言で言えば、トマスは、イエス・キリストに淵源するキリスト教の「神学」と、キリスト教が誕生するはるか前に古代ギリシアにおいて栄えた「哲学」――とりわけアリストテレス（前三八四～三二二）の哲学――とを深く結びつけ、統合することによって、「神学」においても「哲学」においても新しい地平を切り拓《ひら》いた人物である。

「神学」とは、キリスト教の「信仰」に基づいた学問であり、「哲学」とは、「理性」に基づいてこの世界の構造を論理的に解明しようとする学問である。その意味において、トマスの為し遂げた偉業は、「哲学と神学の統合」と言われることもあれば、「信仰と理性の統合」と言われることもある。

トマスの時代、「哲学者（Philosophus《フィロソフス》）」と単数形で言えば、アリストテレスのことを意味した。数多い哲学者のなかでもとりわけ大きな影響力を有していたのがアリストテレスだったからである。

とはいえ、アリストテレスがラテン・キリスト教世界（今の西ヨーロッパ）においてそれほど大きな影響力を持つようになったのは、十二世紀後半以降のことであった。それまでは、アリストテレスの膨大な著作群のうちのほとんどのものはラテン・キリスト教世界には伝わっていなかったからである。

十二世紀半ばになると、イスラーム世界を経由して、ラテン・キリスト教世界にアリストテレスの著作群が流入してきた。そして、最初はアラビア語からラテン語に、次第にギリシア語の原典からラテン語に翻訳されていった。

保守的なキリスト教の神学者のなかには、キリスト教が誕生する前に活動した「異教徒」であるアリストテレスの著作などをキリスト教神学のうちに持ち込むべきではないという見解も根強く存在した。そのような時代状況のなかで、「神学と哲学の統合」「信仰と理性の統合」という課題に正面から取り組んだのがトマス・アクィナスなのである。

そして、七百年以上前の人物であるにもかかわらず、今もカトリック教会においては最も偉大な神学者という位置づけを保ち続けており、また哲学史においても、中世ヨーロッパにおいて最も偉大な哲学者としての位置づけを保ち続けている。このようなトマス像をより詳しく知りたい方は、拙著『トマス・アクィナス　理性と神秘』(岩波新書)をお読みいただけると幸いである。

「肯定の哲学」の原点としての「感情論」

「信仰と理性の統合」に従事した、神学者でもあり哲学者でもある人物。このようなイメージを背景にすると、「感情論」というテーマは、トマスのなかでさほど重要なテーマではないように思われるかもしれない。

じっさい、筆者がトマスの感情論に興味を持ち始めた大学院生の頃、我が国を代表するある中世哲学研究者に、「最近はトマスの感情論を研究しています」という話をしたところ、「感情論というのは、トマスのなかでは周辺的なテーマに過ぎないのではないか」と言われたことがあり、今でも強く記憶に残っている。世界的に見ても、トマスの感情論についての本格的な研究は、数えるほどしかないというのが当時の状況であった。

だが、私見によると、トマスの感情論は、その神学・哲学体系の「中心」ということはないかもしれないが、「トマスらしさ」が最も表れている箇所の一つであることは間違いない。

トマスの評伝として定評ある一冊に、作家のG・K・チェスタトンが著した『聖トマス・アクィナス』という作品がある。そのなかに、次のような一節がある。

> 聖トマスの作品の至る所に大いなる光のように拡がっている或るものがある。それは彼において非常に根本的で、おそらくは無意識的なものだ。取るに足りない個人的な資質としてきっと彼はそれに気を留めなかったことであろう。それはいまや、相当安っぽいジャーナリスティックな言い方によってのみ表現しうるものであり、彼はその言い方をかなり馬鹿げたものとおそらくは考えたであろう。それにもかかわらず、その雰囲気をあらわすための唯一の効果的な言葉は、楽天主義《オプティミズム》なのだ。（Gilbert Keith Chesterton, *Saint Thomas Aquinas: The Dumb Ox*, 1933, rep., New York: Doubleday, 1956, p.112.）

これはトマスの根本精神を実に見事に表現している一節で、筆者もよく引用させてもらう箇所だが、「楽天主義」という言葉は、チェスタトン自身が述べているように、かなり安っぽいイメージを与えがちである。そこで筆者は、「肯定の哲学」という表現を使用してきた。いずれにせよ、この世界に存在する万物を、全知全能の善き神によって創造されたものとして捉えるトマスの世界観のうちには、根源的に肯定的なものの見方が見出されるのはたしかである。

トマスの「肯定の哲学」または「肯定の神学」の全体像を浮き彫りにするためには、『神学大全』をはじめとした彼の著作全体についての詳細な分析が必要となる。しかし、本書で取り扱った「感情論」は、ごく一部分とはいえ、最もトマスらしい肯定的な人間観・世界観が示されている典型的な箇所の一つである。しかも、「感情論」は、誰もが比較的容易に入っていくことのできるテーマだ。「感情」を抱かない人は存在せず、人間である限り、日々様々な感情と付き合いながら生きていかざるをえないからだ。

筆者のうちに「肯定の哲学」という発想が最初に浮かんできたのは、トマスの感情論についての論文を執筆していたさいである。そして、その発想が結実したのが『トマス・アクィナス　肯定の哲学』（慶應義塾大学出版会）である。

同書においては、「人間の感情」のみでなく、「神の感情」「キリストの感情」をも取り扱った。神論・人間論・キリスト論から構成される『神学大全』のそれぞれの部を「感情」という観点から横断的に読み解くことを通じて、トマスの思想体系の全体的な特徴を浮き彫りにしようとしたのである。いま読み直してみると、「神の感情」や「キリストの感情」という、論じられることは少ないが重要なテーマについても紹介できたのはよかったものの、「人間の感情」については、限られた字数のなかで凝縮して論じざるをえなかった憾《うら》みがある。

他方、本書においては、ひたすら「人間の感情」に焦点をあてて執筆したため、『トマス・ア

クィナス　肯定の哲学』よりもはるかに詳しく、そしてわかりやすく論じることができたように思う。また、「まえがき」でも書いたように、対話形式を採用することによって、思いがけない展開が生まれ、執筆の過程において、トマス感情論についての筆者の理解も予想以上に深まり、明快な論述を残すことができたという手応えを抱いている。

本書を読み通してくださった読者は、トマスの「感情論」のエッセンスを理解することを通じて、トマス哲学の根本精神である「肯定の哲学」に深く触れていただくことができたことになる。

「理性」の立場

「感情論」は、トマスの巨大な神学・哲学体系のなかでも最もトマスらしい箇所の一つである、と右に述べたが、その理由は、今述べた点に尽きるものではない。理由はもう一つある。それは、トマスの感情論は、「理性」の立場に立って展開された典型的な箇所だという点である。その意味において、神による世界創造だとか、神が人間に与える恩寵だとかいったテーマのように、キリスト教の「信仰」に対して強い関心のある人でなければ入っていきにくいテーマとは異なっている。

本文のなかでも述べたように、トマスの感情論のなかには、キリスト教的な要素は希薄である。キリスト教は、たしかに、「愛」を大切にする宗教ではある。だが、「すべての感情の根底には愛がある」というトマス感情論の根本的な洞察は、「愛が大切だと聖書に書いてあるから」「キリスト教の教義において愛が重要な位置づけにあるから」といった根拠に基づいて導き出されているのではない。そうではなく、キリスト教の信仰を持っていようがいまいが、人間であれば誰もが共有している「理性」に基づいて、「すべての感情の根底には愛がある」という洞察をトマスは導き出している。

トマスは、キリスト教の「信仰」に基づいてすべてを解決しようとするタイプの「神学者」ではない。頭で冷静に考えれば肯定するに値しないこの世界を、「信仰」という「思い込み」に基づいて強引に肯定しようとするようなタイプの「信仰者」とは全く異なる。「キリスト教の神学者」というレッテルをトマスに貼って、「キリスト教の信仰を持たない自分には関係がない」と思って読まずに人生を終えてしまうのは、あまりにもったいない。トマスは、人間であれば誰もが共有している「理性」に基づいて、一歩一歩丁寧な知的探究を進めようとする。そしてその理性的探究は、キリスト教の「信仰」と対立するどころか、むしろ共鳴しうるような肯定のヴィジョンを描き出していくのである。

「理性」の力に基づいて展開する議論が、それ自体として興味深い洞察を与えてくれるのみならず、より深い神学的な議論の基盤ともなっていく。そうしたダイナミックな議論の仕方にこそ、トマスらしさが典型的な仕方で発揮されており、それは知的興奮を与えてくれるのみでなく、西洋思想の基底に息づくキリスト信仰の深淵に理性的な仕方で触れていく道ともなるだろう。

ひたすら「理性」の立場に立って展開されるトマスの「感情論」が、キリスト教の「信仰」に基づいた「神の愛」の話と結びつくことによって、どのような神学的ヴィジョンが展開していくことになるのか。本書ではほとんど触れることができなかったので、機会があれば、再び「哲学者」と「学生」との対話形式で描き出したいと考えている。

叡智の伝統への入り口

本書を読み通していただいた読者は、実は、トマス・アクィナスという一人の神学者・哲学者の思想のエッセンスに触れたのみではない。トマスのテクストに触れるなかで、自ずと、トマスに影響を与えた哲学者たちの言葉にも触れることとなったはずである。

具体的に言うと、古代ギリシアの哲学者であるアリストテレス、古代末期にキリスト教哲学の基礎を築き上げたアウグスティヌス、使徒パウロの直弟子とされていたディオニシウス・アレオパギタなどの言葉を、トマスは引用し、自らの感情論のなかの不可欠な構成要素として活用している。また、「感情論」においては、「聖書」の引用はさほど多くはないものの、「旧約聖書」の「詩篇」から「不正を愛する者は自らの魂を憎む」という言葉が引用されたり、「新約聖書」の「ヨハネの第一の手紙」から「愛のうちに留まる人は神のうちに留まり、神もまた、その人のうちに留まっておられます」という言葉が引用されたりと、「聖書」についても自ずと馴染みを与えるものとなっている。

こうして、トマスを読解する者は、自ずと、トマス以前の人類の知的遺産に分け入っていくことになる。トマスは「理性」を重視すると述べたが、それは、いわゆる「自分の頭で考える」ことのみを重視しているという意味ではない。トマスはむしろ、「他者と共に考える」ことを重視する人物であった。それがトマスの時代の「スコラ学」の基本精神でもあった。スコラ学のテクストの多くが、引用を多用し、討論形式を採用して書かれているのは、そういう基本精神の表れである。

それゆえ、トマス固有の思想は、トマス自身が書いた文章のうちにのみ見出されるのではない。古代以来、哲学者や神学者などの知の探究者たちによって形成されてきた叡智の伝統の中から、トマスがどのような言葉を選び出し、それをどのように解釈しているのか。それぞれの言葉とどのように共鳴し、または距離を置こうとしているのか。そのようなテクストの在り方の全体のうちにこそ、トマス固有の思想は見出されるのである。

現代に生きる私たちは、引用が豊かに織り込まれたトマスのテクストに触れることを通じて、作者であるトマスと共に、人類の築き上げてきた叡智の伝統へと参入していくことができるのである。

「開かれたスコラ哲学」を目指して

第五章の末尾において、「発展的トマス主義」という発想について簡単に言及した。筆者がこのような発想の存在を知ったのは、学生時代に、James V. Mullaney による "Developmental Thomism"（*The Thomist*, Volume 19, 1956）という論文に触れたのがきっかけであった。

トマスがもしも現代に甦ったとするならば、七百年以上前に形成された自らの哲学に安住することはせずに、自らの死後に生まれてきた諸々の哲学の潮流との対話のなかで自らの思想を更に磨き上げ、新たな仕方での「知の統合」を為し遂げるであろう。

このような思いを共有するトマス研究者たちは、トマスの根本精神を維持しつつも、トマス以後の神学・哲学・自然科学・社会科学などの発展を踏まえたうえで、新たなヴィジョンを提示しようと試みてきた。「発展的トマス主義」というような呼び名を使用するか否かは別にして、トマスの残したテクストを単に歴史的に研究するのみではなく、その孕《はら》み持っている可能性を新たな仕方で開花させていこうという創造的な姿勢をとりつつ、様々な試みを続けている。

具体的に言うと、進化論とトマス哲学を対話させようという試みもあれば（Daniel W. Houck, *Aquinas, Original Sin, and the Challenge of Evolution*, 2020）、現代心理学のキーワードである「レジリエンス（回復力・復元力）」概念とトマスの「徳論」とを統合しようというような試みも存在する（Craig Steven Titus, *Resilience and the Virtue of Fortitude : Aquinas in Dialogue with the Psychosocial Sciences*, 2006）。

私自身は、このような試みを「開かれたスコラ哲学」、あるいは「開かれたトミズム（トマス主義）」と呼んでおり、二〇一七年には雑誌『ニュクス』において、「開かれたスコラ哲学」という特集を企画したりもした。

今回の書籍においては、基本的には「学生」とともにトマスのテクストを正確に読み取ることに主眼を置き、「発展的トマス主義」「開かれたスコラ哲学」といった観点は示唆する程度に留めたが、本書に対する読者からの反響も踏まえながら、トマスと現代とを架橋することによって初めて生まれてくるヴィジョンを更に大胆に提示していければと考えている。

おわりに

「哲学者」と「学生」との対話形式で書物を書くということは、本書の担当編集者である三辺直太氏から示唆をいただくまでは、私自身にとって、全く思いもよらぬことであった。学術雑誌に載せるような「論文」、または一般向けの書物を書くという経験は様々な仕方で積み重ねてきたが、対話形式で書物を書くということは、これまでに経験がなかったのみではなく、そのような仕方で書物を書くという発想自体が私にはなかったのである。

　私が一般向けに刊行した最初の書物である『トマス・アクィナス　肯定の哲学』を気に入ってくれた三辺氏が、トマスの魅力的な洞察をより多くの読者にわかりやすく届けるために提案してくださったのが、「対話形式」で書くという方針であった。

　この「秘策」を耳にした私の率直な第一印象は、「そんな書き方でわかりやすくはならないのではないか」というものであった。というのも、トマスの文体は、ラテン語で res《レース》 ipsa《イプサ》 loquitur《ロクィトゥル》(事柄そのものが語る)と評されるとおり、飾り気なしに、また無駄に字数を費やすことなしに、端的に事柄そのものを語る、いやむしろ事柄そのものに語らせるところにその特長があるからである。「対話形式」のような回りくどいやり方を採用してしまうと、表面的な「わかりやすさ」は演出できても、トマス哲学の根本精神から逸脱してしまい、その本質を理解するという肝心要《かんじんかなめ》のことが見失われてしまうのではないかと危惧したのである。そうしたこともあり、執筆を引き受けはしたものの、他の仕事にも追われ、長らく本格的に取り組むことができないでいた。

この「対話篇」に本格的に取り組んでみようと思い立ったのは、二〇二〇年の五月中旬、コロナ禍による「緊急事態宣言」のもとにおいてであった。新型コロナウイルス感染症の影響で文字通り世界が一変してしまった状況のなかで、悲観的なものの見方が蔓延しているように筆者には感じられた。このような状況のなかでこそ、トマスの根源的な「肯定」のメッセージが必要とされているのではないか。これまでの私の本の読者とは異なるタイプの読者にも届きうる仕方でメッセージを発してみたい――そのような思いが日増しに強くなるにつれて、本書の執筆のことがあらためて念頭に浮かんでくるようになったのである。

実際に対話形式で書き進めてみると、自分でも不思議なくらい自然に言葉が紡ぎ出されてきて、八月中旬には原稿を仕上げることができた。「わかりやすく書こう」と力まなくても、初学者の「学生」の立場から問いを発すると、「哲学者」の答えが自ずと噛《か》み砕いたものになるという仕方で、程よく力が抜けて、書いているのがとても楽しくなってきた。気づいてみると、単に『トマス・アクィナス　肯定の哲学』ですでに書いたことを「対話形式」でよりわかりやすく書き直すというだけではなく、より掘り下げた考察が「哲学者」の口からほとばしり出てきて、あっという間に一冊の本の形にまとまったのである。

執筆の過程で折《おり》に触れ念頭に浮かんできたのは、「刻印の連鎖」とでも呼ぶべきイメージであった。アリストテレスやアウグスティヌスのテクストから「刻印」を受けたトマス・アクィナスが、それを発展させ、新たなテクストを紡ぎ出していく。そして、そのトマスのテクストから「刻印」を受けた筆者が、本書を執筆することによって、新たな「刻印」が読者一人ひとりの心のなかに刻み込まれていく。

トマス・アクィナスのテクストの魅力から「刻印」を与えられることがなければ、筆者の人生は、間違いなく、現在とは異なる軌道を辿《たど》ったことだろう。本書を通じて読者の一人ひとりが何らかの「刻印」を受け、その「刻印」がよりよい仕方で育《はぐく》まれることによって、みなさんの人生がより豊かなものとなっていくことを願っている。

トマス・アクィナスからの「刻印」を学生時代に受け取り、それを育んで一冊の書物にまとめ上げることができたのは、哲学研究という道に進むことを認め、支え続けてくれた両親のおかげである。感謝の思いを込めて、この書物を父と母に捧げたい。

二〇二〇年十二月二十四日

山本芳久

更に学びたい人のための文献紹介

一次文献

トマス・アクィナス『神学大全』高田三郎・稲垣良典・山田晶他訳、全四五巻、創文社、一九六〇―二〇一二年。（半世紀かけて多数の翻訳者の共同作業のもとに完成した『神学大全』の金字塔的な全訳）

――『神学大全Ⅰ』『神学大全Ⅱ』山田晶訳、中公クラシックス、二〇一四年。（『神学大全』第一部「神論」の冒頭部分の抄訳。詳細な訳註が付いており、哲学・神学の基本的概念の理解のためにとても役立つ。『神学大全』についての入門書として使えるのみでなく、西洋中世哲学、いや西洋哲学全体に対する入門書ともなりうる優れた翻訳）

――『トマス・アクィナス（中世思想原典集成14）』上智大学中世思想研究所編訳、平凡社、一九九三年。（『神学大全』以外のトマスの著作の翻訳が多数含まれており、トマスの全体像を知るために役立つ）

二次文献

稲垣良典『トマス＝アクィナス』清水書院、一九九二年。（トマスの生涯について知りたい場合に、最初に手に取るべき書物。二〇一六年に新装版が出ている）

――『トマス・アクィナス』講談社学術文庫、一九九九年。（トマスの生涯と思想の概説のみではなく、

トマスのテクストの抜粋が多数含まれているのが便利）

G・K・チェスタトン『久遠の聖者（G・K・チェスタトン著作集6）』生地竹郎訳、春秋社、一九七六年。（アシジのフランチェスコとトマス・アクィナスについての、作家独自の鋭い洞察に充ち満ちた評伝。二十世紀を代表する中世哲学史家であるエティエンヌ・ジルソンは、この本を、トマスについて書かれた最善の書物と絶賛した）

山本芳久『トマス・アクィナス　肯定の哲学』慶應義塾大学出版会、二〇一四年。（「感情論」を軸に、人間論、神論、キリスト論を横断しながら、トマスの神学・哲学体系の全体を「肯定の哲学」という観点のもとに捉え直している。本書と補い合うところの多い著作なので、次にぜひ手にとっていただきたい）

――『トマス・アクィナス　理性と神秘』岩波新書、二〇一七年。（トマス哲学の根本精神を、哲学的な「理性」とキリスト教的な「神秘」との豊かな相関関係を軸に捉えた入門書）

クラウス・リーゼンフーバー『中世思想史』村井則夫訳、平凡社ライブラリー、二〇〇三年。（西洋中世哲学についての大変詳しい通史。トマス・アクィナスをより広い思想史的背景に位置づけるのに役立つ）

Miner, Robert, *Thomas Aquinas on the Passions*, Cambridge University Press, 2009.（世界のトマス研究においては、二〇〇〇年代の後半以降、感情論についての研究が増えてきているが、その出発点に位置づけられる優れた論考。『神学大全』の論述の順序に沿いながら、感情論が概説されている）

新潮選書

世《せ》界《かい》は善《ぜん》に満《み》ちている――トマス・アクィナス哲学講義《てつがくこうぎ》

著　者………………山本芳久《やまもとよしひさ》

発　行………………2021年1月25日
6　刷………………2023年10月20日

発行者………………佐藤隆信
発行所………………株式会社新潮社
〒162-8711 東京都新宿区矢来町71
電話　編集部 03-3266-5611
　　　読者係 03-3266-5111
https://www.shinchosha.co.jp
印刷所………………株式会社光邦
製本所………………株式会社大進堂

ISBN 978-4-10-603861-7 C0310

ごまかさない仏教
仏・法・僧から問い直す

佐々木閑
宮崎哲弥

「無我と輪廻は両立するのか？」など、仏教理解における数々の盲点を、二人の仏教者が、ブッダの教えに立ち返り、根本から問い直す「最強の仏教入門」。

《新潮選書》

「律」に学ぶ生き方の智慧

佐々木閑

日本仏教から失われた律には、生き甲斐を手に入れるためのヒントがある。「本当にやりたいことだけやる人生」を送るため、釈迦が考えた意外な方法とは？

《新潮選書》

「悟り体験」を読む
大乗仏教で覚醒した人々

大竹晋

菩提達摩、白隠慧鶴、鈴木大拙、井上日召……臨済宗から日蓮宗まで約五十人の覚醒体験から、「目くるめく境地」の真相に迫る。本邦初の「悟り学」入門。

《新潮選書》

「ひとり」の哲学

山折哲雄

孤独と向き合え！　人は所詮ひとりであると気づいて初めて豊かな生を得ることができる。親鸞、道元、日蓮など鎌倉仏教の先達らに学ぶ、「ひとり」の覚悟。

《新潮選書》

「社会的うつ病」の治し方
人間関係をどう見直すか

斎藤環

薬も休養もとっているのに、なぜいつまでも治らないのか。人間関係の大切さを見直し、「人《ひと》薬《ぐすり》」と「活動」の積極的活用と、細かな対応方針を解説する。

《新潮選書》

心を病んだらいけないの？
うつ病社会の処方箋

斎藤環
與那覇潤

「友達」や「家族」はそんなに大事なのか。「仕事」をしないと負け組なのか。「話し下手」はダメなのか。精神科医と歴史学者が生きづらさを解きほぐす。

《新潮選書》